울지
않는
아이

泣かない子供
NAKANAI KODOMO

Copyright ⓒ 1996 by Kaori EKUNI
First published in Japan in 1996 by Daiwashobo Co., Ltd.
Korean translation rights arranged with Kaori EKUNI
through Japan Foreign-Rights Centre/Shinwon Agency Co.

이 책의 한국어판 저작권은 Japan Foreign-Rights Centre/Shinwon Agency Co.를 통한 Kaori EKUNI와의 독점 계약으로 (주)태일소담에 있습니다. 저작권법에 의하여 한국 내에서 보호를 받는 저작물이므로 무단 전재와 무단 복제를 금합니다.

울지 않는 아이

펴 낸 날 | 2013년 12월 20일 초판 1쇄
　　　　　2014년 1월 27일 초판 2쇄

지 은 이 | 에쿠니 가오리
옮 긴 이 | 김난주
펴 낸 이 | 이태권
책임편집 | 송수남
책임미술 | 정혜미
펴 낸 곳 | (주)태일소담
　　　　　서울시 성북구 성북동 178-2 (우)136-020
　　　　　전화 | 745-8566~7 팩스 | 747-3238
　　　　　e-mail | sodam@dreamsodam.co.kr
　　　　　등록번호 | 제2-42호(1979년 11월 14일)
　　　　　홈페이지 | www.dreamsodam.co.kr

ISBN 978-89-7381-686-6 03830

이 도서의 국립중앙도서관 출판시도서목록(CIP)은 서지정보유통지원시스템 홈페이지 (http://seoji.nl.go.kr)와 국가자료공동목록시스템(http://www.nl.go.kr/kolisnet)에서 이용하실 수 있습니다.(CIP제어번호: CIP2013026663)

• 책값은 뒤표지에 있습니다.
• 잘못된 책은 구입하신 곳에서 교환해드립니다.

울지 않는 아이

에쿠니 가오리 지음
김난주 옮김

소담출판사

차례

Ⅰ 달의 사막을 여행하는 버스

혼자가 될 때 · 10
랄프에게 · 14
다리에 소망을…… · 22
슌에이 씨 · 24
이 세상의 좋은 것, 아름다운 것 · 28
허와 실 · 32
서점에 쪼그리고 앉아서 · 35
달의 사막을 여행하는 버스 · 37
조금 탁한 느낌 · 41
오후의 홍차와 장미의 나날 · 44

Ⅱ 아빠의 잔소리

아빠의 잔소리 · 52
여동생의 부재와 그 영향 · 57
책을 읽고 싶지 않을 때 · 64
넘쳐나는 변태들 · 71
식인보다 무서운 것 · 74
여분을 위한 거리 · 77
아기 사슴 '밤비' · 83
안달루시아를 품다 · 88

Ⅲ 진하고 달콤한 아이스크림 같은

독서 일기 · 102
브랜디를 듬뿍 머금은 케이크 같은 연애 소설 · 108
그래도 절망은 선택하지 않는다 · 111
상상까지 껴안은 참다운 진실을 외면하지 않는다 · 114
이렇게 강력한 힘을 지닌 문장은
          한꺼번에 많이 읽어서는 안 된다 · 117
만약 이 시대에 태어났다면, 이렇게 살았을지도 모르지 · 120
다른 부부의 침실을 엿보는 듯한 단편집 · 123
묘사를 부정하는 이야기 · 126
거대한 강을 홀로 헤엄쳐 가는 기분 · 129
내게 에밀리가 특별한 까닭은 자유를 향한
          일종의 편집광적인 갈망 때문이다 · 132
진하고 달콤한 아이스크림 같은 · 135
독서 일기 2 · 138

Ⅳ 늘 보던 거울, 늘 보던 가위

밤의 육교에서 · 146
달밤의 행복 · 150
시즈오카까지, 양갱을 · 155
늘 보던 거울, 늘 보던 가위 · 160
새벽녘의 도주 · 164
엄마에게는 비밀 · 168
애틋한 기분 · 172
바다! · 176
그냥 라면 · 182
환영이 아니다 · 186
너무 닮았어 · 190
혼자서 찻집을 · 194

V 행복한 기분

왜 쓰는가 · 200
위화감의 즐거움 · 203
알 여지에 대해서 · 206
번역의 법칙 · 212
영혼을 뒤흔드는 멜로디 · 214
한신 타이거즈는 픽션이다 · 217
잠들다 · 219
행복한 기분 · 220
이마에 씨 · 227
1995년 1월 5일 일기 · 229
일상의 언어 · 232

작가 후기 · 238

Ⅰ 달의 사막을 여행하는 버스

그들의 별것 아닌 대화, 리듬, 사소한 말다툼, 군데군데에서 되살아나는 도쿄에서의 일들. 애정이란 아마도 이렇게, 정열이나 욕망과는 전혀 다른 장소에 고요히 존재하는 것이라고 생각한다.

혼자가 될 때

 겨울의 끝 무렵이라 춥고, 게다가 날씨까지 나빴다. 하늘은 날마다 묵직하게 흐리고, 차가운 비가 하루에도 몇 번이나 추적추적 내렸다. 장소는 파리, 나는 세상에서 가장 좋아하는 남자와 함께였다.

 우리는 하루의 거의 대부분을 생제르맹에 있는 조그만 호텔 방에서 지냈다. 방 앞에 달린, 역시 조그만 베란다의 창문을 늘 열어놓아 빗소리가 들렸다.

 연애는 끝나가고 있었지만, 우리는 한시도 떨어지지 않으려 했다. 내내 같이 있었다. 떨어져 있을 수가 없었다. 무척 슬펐다.

 때로 산책을 했다.

 손을 마주 잡고서, 둘 다 아무 말 없이 무작정 걸었다. 추위로 코가 빨개졌다. 카페에 들어갈 즈음에는 대개 어디선가 비를 맞은 후여서, 앉으면 싸구려 가죽 의자가 동그랗게 젖었다.

 날씨 탓인지 에펠 탑 옆에 있는 회전목마는 언제나 한산했다. 움직이지 않는 회전목마는 쓸쓸하다. 비에 흠뻑 젖은 알록달록한 장식물.

"타도 될까?"

내가 묻자 남자는 뜻밖이라는 표정을 지었다. 그러면서도 부스 안에 멍하게 있는 담당 직원에게 돈을 지불해주어, 나는 하얀 말에 올라탔다. 갈색 안장에, 등자와 말고삐는 짙은 갈색이고, 등에는 금빛 막대 기둥이 수직으로 서 있었다. 연두색과 분홍색 바탕에, 군데군데 빨간색과 하늘색으로 꾸며진 그 하얀 말은 감촉이 딱딱하고 싸늘했다.

음악이 울리고 회전목마가 돌기 시작했다. 천천히, 천천히 속도를 올리면서. 손님은 나뿐이었다. 칙칙한 풍경이 뒤로 흘러갔다. 휑하고 썰렁한 그 장소에서, 나와 말은 용감하게 나아갔다. 서 있는 남자를 남겨둔 채.

갑작스러운 해방. 시야에서 남자가 사라진 순간의 홀가분함, 그 고독함. 그리고 뭐라 말할 수 없는 안도감.

그러고 보니 옛날에 부모님과 함께 갔던 놀이공원에서도 회전목마는 나 혼자 탔다. 부모님은 펜스 옆에 서 있었다. 지금 남자가 그러고 있는 것처럼.

음악이 울리고 목마가 돌기 시작한다. 그 순간에 찾아오는 혼자라는 감각을 나는 몸으로 기억하고 있다. 그 자유로움과 신비로움, 불안하면서도 안도하는 느낌. 한 바퀴를 돌아오면, 웃는 아빠와 엄마의 모습이 보였다. 손을 흔들어주기도 했다. 나도 손을 들어 답했지만, 그것은 아주 잠깐일 뿐 그들의 모습은 다시 뒤로 사라졌다. 그 순간의 내 얼굴을, 혼자인 동안 지었을 그 표정을 우리 부모님은 물론 모른다.

한 바퀴를 돌아오자, 덩그러니 서 있는 남자의 모습이 보였다. 나는 미소를 짓고 아까보다 좀 더 크게 손을 흔들었다.

계속 울리는 음악. 회전목마에서 울리는 음악은 왜 이리 처량한 것일까. 망가진 악기로 연주하는 것처럼. 목마는 아래위로 움직이면서 돈다. 남자와 만난 지 3년이 지났다. 미친 듯이 사랑했다. 끝내는 이런 곳까지 오고 말았다.

한 바퀴를 돌 때마다 마음이 고요하고 선명해졌다. 나는 또 혼자가 될 때가 왔다는 것을 알았다.

랄프에게

 잘 있어요? 어떻게 지내고 있나요? 도쿄는 요즘 내내 비가 내리고 있습니다. 무척 오랜만이죠. 마지막으로 통화한 것이 언제였는지도 모르겠군요. 엘렌과는 잘 지내고 있나요? 나는 여전히 빈둥거리며 지내고 있어요. 하지만 일은 그럭저럭 성실하게 하고 있습니다(믿을 수 없다며 웃을 당신 모습이 눈에 선하군요).

 '불륜'에 대해 쓰라는 과제를 받자마자 나는 이내 당신을 떠올렸습니다. 그 시절 우리, 밤을 새워가며 그 문제에 관해 얘기했잖아요. 기억하나요? 나는 '불륜'이라는 말이 지닌 불쾌한 뉘앙스를 설명하려고 기를 쓰는데, 당신은 기껏 어페어Affair라느니 어드벤처Adventure라는 가슴 설레는 말이나 해서, 나는 당신의 상상력이 얼마나 부족한지 그리고 나의 설명이 얼마나 치졸한지 한탄했죠. '육체 관계만을 뜻한다면 Adultery란 말이 있지만'이라는 당신에게 난 그것과는 좀 다르다고 말하고도 어떻게 다른지 제대로 설명할 수 없었죠. '불륜'이란 좀 더 정신적인 영역까지 포함하는 말이며 'Adultery'처럼 직접적이지는 않아도 언어 자체가 부정적이고 음습한 뉘앙스를 갖고 있다고 횡설수설하자, 당신은 아주 이상한 표정을 지으며 영어에는 그렇게 구린 말이 없다고 했어요. 나는 그 말이 무척이나 인상적이었습니다.

새삼 그 시절이 그립군요. 그때 나나 당신이나 사랑을 하고 있었죠. 상대는 피차 가족이 있는 사람이었는데, 우리는 서로 그런 건 문제가 되지 않는다고 했고요. 게다가 나는 연인의 집에서 툭하면 저녁밥까지 얻어먹었으니, 지금 생각하면 대담했다고 할지 뻔뻔했다고 할지……. 그 부인, 요리 솜씨가 참 좋았죠. 나는 지금도 가끔 그녀에게 배운 음식을 만들어 먹는답니다.

그러고 보니 랄프도 요리 솜씨가 좋았네요. 내가 울적해하면 맛있는 것을 만들어주었죠. 파프리카 맛 포테이토 그라탱은 일품이었습니다. 당신은 야한 농담을 늘어놓으며, 울고 싶은 심정으로 그라탱을 우물거리는 나를 위로해주었어요. 콜럼버스 거리에서 조금 오른쪽으로 들어간 당신의 아파트, 그 망가져가는 의자와 마돈나 사진 달력, 그리고 중고 텔레비전 모두 기억하고 있습니다. 당신은, 네가 낙담할 일이 아니지, 하고 자주 말해주었죠. 그와 좀 늦게 만났을 뿐, 그의 아내에게 주눅 들 필요는 없다고. 지금도 그렇게 생각하나요?

 그런데 말이에요, 랄프. 나는 아내에게는 아내의 특권이 있다고 생각해요. 도리상 그렇다는 뜻이 아니라, 침해해서는 안 되는 특권인 거죠. 아등바등해봐야 소용없는 것 같아요. 다만 반대로 연인에게도 연인의 특권이 있어, 역할을 바꿀 수는 없지만 어느 쪽에나 각각의 존재 가치는 있다고 생각합니다. 밥과 과자처럼 말이죠. 그렇다는 걸 사람들이 인정하지 않는 게 참 이상해요.
 당신이 엘렌을 만난 것처럼, 나도 그 후 다른 사랑을 했습니다. 조금은 어른이 되었다고 생각하는데, 그런데도 난 역시, 좋아하는 사람을 놓고 조건 따위 따질 수 없다고 생각해요. 가령 요즘 일본에는 '삼고三高'라는 말이 있어요. 일본 여자들이 키가 크고 학벌도 좋은 데다 수입도 높은 남자만을 좋아한다고 해서 생긴 말이라는데, 물론 이건 사실이 아닙니다. 대부분의 사람들은 그런 경향을 옳지 못하다고 생각하고 있어요. 조건을 보고 사람을 사랑하는 것은 불손하고, 불성실하며, 타산적인 태도라고 말이에요. 덧붙여 나는 독신만을 좋아하는 것도 마찬가지라고 생각합니다.

일주일쯤 전에 남자 친구와 꼬치 커틀릿을 먹으며 그런 얘기를 했어요. 독신인 그 친구는 결혼한 여자와 연애한 적은 한 번도 없고, 결혼하게 되면 아내가 아닌 여자와 사랑에 빠지는 일도 절대 없을 거라고 하더군요. 그는 '요컨대 의지의 문제'라고 했어요. 맞는 말일 수도 있지만, 만약 그렇다면 나는 겁이 나서 절대로 누군가의 아내가 될 수 없겠다고 생각했죠. 결혼 후 몇 년 동안 남편이 다른 여자와 한 번도 사랑에 빠지지 않았는데, 그 이유가 남편의 의지라면 아내의 존재 의미를 의심하지 않을 수 없잖아요? 남편이 자신의 강한 의지 때문에 날마다 집에 돌아오는 것이지 나를 좋아해서가 아닐지도 모른다면 매 순간 불안해서 어떻게 견디겠어요. 불안해서, 너무 불안해서 죽을 지경이겠죠. 매 순간 불안해하면서 몇십 년을 같이 산다는 게 정말 가능할까요? 그렇게 고통스러운 일을 다들 어떻게 할 수 있는지. 연인이라면 적어도 그 사람이 놀러 왔을 때, '내가 보고 싶었나 보다' 하고 알 수 있잖아요. 그리고 반가워서 껴안을 수 있잖아요.

내가 잘못된 건가? 그 시절 곧잘 그렇게 물었었죠. 당신은 언제나 "아니, 옳아"라고 대답해주었고요. 그런데 말이죠, 랄프. 나는 요즘 '옳다'는 것에 과연 어느 정도 의미가 있을까 생각하곤 해요. 그것은 연애에 관해서는 물론 내 생활 전체를 뿌리부터 뒤흔드는 문제이기도 합니다. 나는 지금까지 내 솔직한 마음에 따라 사랑을 해왔고, 아무리 겁이 나도 그 마음을 외면하지 않았어요. 정직하고 올곧게 사람을 좋아했다고 생각합니다. 그래서 나는 내가 겪은 몇 번의 연애(라기보다는 그 연애를 한 나 자신)를 자랑스럽게 여기고 있고, 그것은 '옳은' 일이 잖아요? 한 사람을 만나 사랑했다, 그 사실이 전부이고 그것은 아주 자랑스럽고 행복한 일이니까, 그 사람에게 가정이 있다고 슬퍼할 필요는 없잖아요? 적어도 나는 줄곧 그렇게 생각해왔습니다.

그런데 말이죠, 솔직히 털어놓자면 나는 목구멍도 위도 심장도 다 망가질 것처럼 열을 올리면서 좋아하는 사람을 향해 "내가 얼마나 슬퍼하고 있는지, 언젠가 소설에서 보여줄 거야" 하고 말한 적이 있습니다. 그래도 당신 곁에서 나이를 먹어가고 싶다고 이성이라고는 손톱만큼도 없는 생각을 한 적도 딱 한 번 있고요. 이런 건 옳지 않잖아요? 우리가 사는 세상의 도리에 맞지 않고, 뭐라고 설명할 수도 없잖아요.

언제였나, 뮤지컬을 보고 돌아오는 길에 멕시코 요리 먹었던 거, 기억할 거예요(잊으라고 해도 잊을 수 없죠). 맨해튼에 레스토랑이 그렇게 많은데, 하필 거기서 당신 연인이 남편과 아이들과 함께 식사하고 있었죠. 부부가 사이좋게 테킬라도 마시고. 게다가 그 아이들, 얄미울 정도로 귀여웠어요. 빨간 초롱이 걸린 국적 불명의 인테리어에, 실내 가득 튀김과 향신료 냄새. 나는 그만 견딜 수 없어 울음을 터뜨렸고, 당신도 그녀도 전혀 모르고 있다가 그 순간 눈이 마주치고 말았죠. 나는 좀처럼 울음을 그치지 않았고, "아, 짜증 나. 어떻게 된 거지" 하면서 그쳤다가 5분 후에 또 훌쩍훌쩍 울고 말았어요. 정말 슬펐어요. 그때는 설명할 수 없었지만, 당신을 동정했던 것도, 내 경우에 비춰봤던 것도 절대 아니었어요. 뭐랄까, 타인의 눈으로 하늘에서 전체를 바라보니 슬펐던 것이죠. 그녀와 남편을 포함해서 '연애'라는 개념 자체가.

당연한 일이지만, 그 후 돌아가는 길에 당신은 엄청나게 화를 내면서 "네가 그렇게 눈물이 많은 줄 몰랐다"라고 했죠? 지금 와서 변명하는 것 같아 미안하지만, 그건 '눈물이 많은 게' 아니에요. 전혀 다른 것이라고 생각합니다. 만약 그 레스토랑에 앉아 있던 사람이 내 연인과 그의 부인과 아이들(그 집 아이들도 무척 귀여웠죠)이었다면, 나는 절대 울지 않았을 테니까요. 눈물은커녕, 일부러 그의 시선을 좇아 싱긋 웃어 보였을지도 몰라요.

그래요, 랄프. '불륜'이란 그런 것일지도 모르겠다고 생각해요. 본인에게는 나쁜 일도 슬픈 일도 아니지만, 도리의 영역을 벗어나 바깥쪽에서 언뜻 바라보면 이유도 모르는 채 순간 눈물짓게 되는, 역시 그런 장소에 있는 게 아닐까 하고 말이죠.

"그래서 어쩌려고?"라고 해도 뭐라 답하기 곤란하고, 나는 내 방식으로만 사람을 사랑할 수 있지만 아무튼 그렇게 생각합니다. 사람을 사랑하는 단순한 감정을 갖가지로 분류해 불륜이다 불장난이다 진심이다 일일이 이름을 붙이는 행위, 어느 모로 보나 난센스잖아요. 맞는 말이라고 해줄 거죠?

언젠가 당신의 형수가 지적했던 것처럼, 우리는 연애를 과신하고 있는지도 모르겠어요. 그래도 난, 그렇다면 더욱이 과신하려고 합니다. '이 사람을 사랑하겠다고 결정했으니 사랑한다'가 아니라 '사랑하지 않을 수 없어 사랑하는 것'이라고 생각하고 싶네요. 그 탓에 언젠가 사랑에 끝이 온다 해도 어쩔 수 없는 일이겠죠.

〈어 맨 인 러브〉란 영화에, "그런 게 인생이야. 멋진 추억 많이 만들어"라는 대사가 있습니다. 불륜의 사랑에 몸을 던진 딸에게 엄마가 하는 말이죠. 나는 이 영화를 좋아하고 또 아주 고품격 연애 영화라고 생각하는데, 다리 위에서 포옹하는 장면과 공항에서 재회하는 장면에서는 너무 행복해서 언제나 눈물을 찔끔 흘려요. 숨이 턱 막힐 정도로. 이해하겠죠? 한순간에 많은 것이 밀려와 넘쳐흐를 듯한 행복, 앞뒤를 모두 잘라내고 마치 거기만 딱 뽑아내서 순화시킨 것처럼 찰나적인 그 행복.

  머지않아 또 뉴욕에 놀러 갈게요. 당신이 좋아하는 쓰루야하치만의 계란 과자도 사 갈게요. 우리 커핑 카페Cupping Cafe에서 브런치를 먹으며 새로운 사랑 얘기를 해요. 우리는 참 지칠 줄을 모르는군, 하며 신 나게 웃어요. 그리고 한밤의 파크 애비뉴 사이클링도 하고요. 이번에는 도중에 힘들다고 하지 않을 테니까요.
  잘 지내요. 엘렌과 그녀의 어린 아들에게도 안부 전해주세요.
  사랑을 담아.

다리에 소망을……

 이 세상과 저 세상을 잇는 돌다리가 있으면 좋겠다. 유려한 모양의 구름다리, 길이는 15미터쯤에 너비는 2.5미터 정도. 난간은 역시 화사한 주홍색이 좋겠다. 다리 가까운 곳에는 물론 버드나무. 고운 연두색이 바람에 흔들린다. 너무 조용하면 무서우니까, 다리 이쪽과 저쪽에 술집과 음식점이 줄지어 있으면 좋겠다. 닭 꼬치 구이의 냄새도 나고, 사람들도 많이 오갔으면 좋겠다. 복작복작한 분위기면 좋겠다.

 그 구름다리 한가운데에서, 죽은 사람과 산 사람이 만날 수 있다.

 "많이 기다렸어?"

 "아니, 나도 막 왔어."

 그렇게. 칠석날의 견우와 직녀처럼. "오랜만이네, 잘 지냈어?" 그렇게 말하면서 나는 죽은 사람과 어깨동무를 하고서 술집으로 들어선다. 가게의 불빛이 하나둘 켜질 무렵이면 좋겠다. 저녁과 밤 사이쯤. 여름이면 반딧불이가 날아다니고, 밖에는 평상이 나와 있고, 멀리서 쏘아 올리는 폭죽의 빛이 삼도천 강물에 예쁘게 비친다.

그런 돌다리가 있다면, 나는 제일 먼저 시미즈의 할아버지를 만날 거다. 강건하고 목소리가 크고 햇볕에 타 가무잡잡했던, 보고 싶은 할아버지와 데이트를 할 것이다. 할아버지가 돌아가신 지 18년이 되었지만, 할아버지만큼 멋진 남자는 아직 한 명밖에 보지 못했노라고 알려드릴 것이다.

그리고 내 곁을 떠난 강아지 듀크도 만난다. 주홍색 난간의 구름다리는 듀크에게 잘 어울릴 거다. 듀크는 바람을 가르며 달려와 얼굴을 내 다리에 비벼댄다. 듀크는 살아 있을 때는 냄새가 났지만, 아마도 천국의 좋은 향을 풍기리라.

나는 스스로 목숨을 끊은 도시 쨩도 다리 위로 불러낸다. 하고 싶은 말이 있어서.

조장(고등학교 시절의 담임을 우리는 그렇게 불렀다)이었던 사이 쨩도 만난다. 나는 따끈한 술을 따르면서, "내 소설이 정말 책으로 나왔어요"라 말하고, 사이 쨩은 술을 쭈욱 단숨에 들이켜고는 "내가 그럴 거라고 했잖아" 하며 히죽 웃으리라. 우리는 신 나게 술을 마시고, 〈황성의 달〉을 노래한다.

그런 돌다리가 있으면 좋겠다고, 때로 생각한다.

I 달의 사막을 여행하는 버스 • 23

슌에이 씨

 동기에 대해서는 기억이 분명치 않아 그저 뜬금없는 충동이었으리라고 생각하는데, 10년 전쯤 나 혼자 에이헤이지로 좌선을 하러 떠났다. 왜 그랬는지는 모르지만 학교를 땡땡이치고 불쑥 행동에 옮겼다. 그게 나 혼자 떠난 첫 여행이었다.
 어렸을 때부터 절 냄새를 좋아해서, 절에서 묵을 수 있다니 멋지겠다고 생각했다. '스토익Stoic'이라는 나와는 거의 인연이 없는 개념을 동경했던 탓도 있다. 아무튼 당시의 내게 해탈이나 정밀靜謐 같은 단어는 퇴폐와 타락이란 단어만큼이나 감미로웠다. 그리고 네 명의 수도승을 만났다. 첫인상은 최악이었다. 마치 체육 선생 같았다. 해탈이고 정밀이고, 운운할 게 없었다. 나는 정말 깜짝 놀랐다. 고함을 치는데, 그 목소리가 얼마나 우렁우렁하던지. 이런 걸 기대한 게 아닌데, 하고 생각했을 때는 이미 한 발 늦어 나는 하라는 대로 소지품을 맡기고 맹세문 (같은 것)에 사인을 한 후, 무채색의 횡한 공간에 우두커니 서서 어쩔 줄을 몰랐다.

그곳 생활은 뭐라 말할 수 없이 이상했다. 새벽 4시에 일어나 아침 수행부터 시작되는 하루, 캄캄하고 얼어붙을 듯한 칼바람이 횡횡 불어대는 복도, 아침저녁으로 하는 독경. 반복되는 좌선과 정좌, 난무하는 고함 소리, 청소와 바느질 등의 잡일. 식사도 중요한 수행 중의 하나였다. 좌선 때 자세 그대로 독특한 방식으로 먹었다. 무슨 수행을 하든, 참가자들 가운데 내가 늘 꼴찌였다.

그런데도 며칠이 지나자 조금씩 익숙해졌고, 절 안에서 동지도 찾았다(그것은 해우소에 걸려 있는 동그란 탈취제. 무채색의 세계에서 분홍과 초록이라는 요란한 색깔이 유난히 눈에 띄는 데다 속세에서 왔다는 공통점에 뜨거운 친근감을 느꼈다). 또 경전에서 마음에 드는 구절도 생겨 시구를 외듯 그 부분만 큰 소리로 중얼거리기도 했다('헛되이 백 살까지 사는 것은 그 세월을 한탄스러워하고 슬퍼해야 할 작태이니'란 구절이다). 그리고 수도승들과도 친해졌다.

소박하고 과묵하며 덩치가 커다란 미치테루 씨, 작은 몸집에 동작이 아름다운 이치류 씨(언제나 냉철하고 고함을 지르지 않아, 나는 이 사람이 가장 좋았다), 그리고 조급한 텐신 씨. 텐신 씨는 내가 걸레질을 할 때면 힘이 약하다고 화를 냈는데, 실제로 이 사람은 혀를 내두를 정도로 걸레질을 잘했다. 그 억센 하반신은 거의 인간이 아니라고 생각한다. 그러고 보면 하나하나가 다 좋은 사람들이었다.

그중에 딱 하나, 도무지 마뜩지 않은 사람이 있었다. 슌에이라는 이름의 안경 낀 수도승이다. 슌에이 씨는 풍기는 분위기도 성실한데, 말을 하다 보면 분위기보다 한 술 더 뜨게 성실한 사람이었다. 나는 이 사람을 보면 왠지 심술이 나서, "스님은 반드시 천국에 갈 수 있는 건가요?" 하는 따위의 질문을 던졌다. "이렇게 성실하게 수행하고 있는데, 혹시나 지옥에 떨어지면 어떻게 할 건데요?"

그것이 부처님의 뜻이라면 기꺼이, 그 정도 대답을 기대한 내게 슌에이 씨는 난감한 표정을 지으며 되물었다. "그쪽은 어떻게 생각하는데요? 그쪽은 내가 천국에 갈 거라고 생각합니까?" 움찔하리만큼 눈빛이 진지했다.

심술이 났다기보다는 뭐라 말할 수 없는 기분에 나는 일부러 힘차게 대답했다.

"지옥! 이면 어쩌죠."

그러고는 이내 후회했다. 슌에이 씨가 더없이 슬픈 눈으로 나를 쳐다보았기 때문이다. 물론 그는 그런 소리를 들었다고 해서 슬퍼한 것이 아니었다.

나는 막 울음이 나올 것 같았다. 믿을 수 없었다. 슌에이 씨는 나 때문에, 아니 나를 위해 슬퍼하고 있었다. 그건 큰 놀라움이었다.

그 후로 많은 시간이 흘렀지만, 나는 성묘를 하거나 새해에 신사를 찾을 때면 슌에이 씨가 꼭 천국에 가기를, 늘 기도하고 있다.

이 세상의 좋은 것, 아름다운 것

 이 세상의 좋은 것, 아름다운 것이 모두 담겨 있는 책을 딱 한 권 알고 있다. 고요하고 소탈하며 청아한 책이다. 게다가 깊은 절망에 차 있다. 그래서 나는 그 책 『플라테로와 나』히메네스지음를 읽을 때마다 마음이 편해진다. 안심하고 살다가, 안심하고 죽으면 그만이라고 생각하게 되는 것이다.

 이 책에는 '해 질 녘의 놀이'도 '무화과'도 '자유'도 '연인'도 '어린이와 물'도 '빵'도 '우정'도 '뒤뜰의 나무'도 있다. '우물'도 '살구'도 '여름'도 '개울'도 '일요일'도 '폭풍우'도 '포도 수확'도 있다. '달'도 있고 '환희'도 있다. '어린 여자애'도 '10월의 오후'도 '오래된 묘지'도 '놀람'도 '맑은 밤'도 '새끼를 낳은 암캐'도 있는가 하면 '도망 간 수소'도 있고 '하얀 암말'도 있으며 '늙은 당나귀'도 있다. '미치광이'도 있고 '백치 아이'도 '폐병 걸린 아가씨'도 있다. '종루'와 '죽음'도 있고. 요컨대 모든 것이 다 들어 있다.

나는 그림을 그릴 수 있으면 좋겠다고 종종 생각한다. 그림은 그냥 거기에 있는 것을, 그냥 거기에 있을 뿐인 것으로 그릴 수 있다. 그러나 문장은 그렇지 않다.

가령 하나의 풍경을 묘사할 때, 그 풍경 한구석에 사람들 눈에는 띄지 않을 만큼 작은 꽃이 소리 없이 피어 있는데, 꽃 자체는 숭고하리만큼 하얗고 예쁘다고 치자. 문장으로 묘사하면, 그 글을 읽은 모든 사람들이 꽃에 정신이 팔리고 만다. 비록 순간이지만 꽃에 정확하게 초점이 맞춰진다. '숭고하리만큼 하얗고 예쁜 꽃'이라고 쓰면 마치 특별한 꽃인 듯한 느낌이 들고 만다.

그런데 그림은 다르다. 사소한 것을 사소한 그대로 가둘 수 있다. 그럴 수 있음의 청결함을, 나는 때로 간절히 소망한다.

그냥 거기에 있을 뿐인.

『플라테로와 나』는 내가 아는 한 유일하게 문장으로 그 청결함을 보여준 책이다. 확대도 축소도 없고 농축도 희석도 없이, 이 세상의 좋은 것, 아름다운 것을 모두 그려놓았다.

그것은 마음을 내려놓은 사람의 고요한 시선이다. 절망과 고독을 겸허히 껴안은 사람만이 지닐 수 있는, 물처럼 투명하고 담담한 시선.

그건 그렇고, 당나귀라는 동물은 이 책의 주역으로 정말 완벽하다. 욕심 없고 친절하고 청순하고 건전하게 지쳐 있고 조금은 애처롭다. 무언가를 상징하는 당나귀가 아니라, 어디까지나 구체적인 형상으로서의 당나귀.

  내게도 당나귀가 한 마리 있다면 좋겠다. 당나귀와 뒤뜰과 무화과나무와, 산책을 위한 길과 쉴 수 있는 언덕, 그리고 자그마하고 시원한 샘. 그러면 소설 따위 쓰지 않고 '무한하고 평화로우며 덧없는' 해 질 녘의 세계에서 평온하게 살 수 있을 텐데. 나는 선한 것을 좋아한다.

허와 실

그 가게는 조그만 대학 도시 뉴어크의 엘크턴 로드에 있었다. '프렌들리스'라는 가게 이름은 다소 유치하지만 도시에 딱 하나뿐인 아이스크림 가게였다.

나는 수박 셰이크란 음료가 있다는 것을 그 가게에서 처음 알았다. 여름 동안에만 파는 색깔이 선명한(진한 분홍과 빨강의 중간 정도 색) 음료로, 그 화려한 색깔과는 정반대로 애매하고 아련한 맛이 났다. 단맛도 적고, 박과 식물 특유의 싱그러운 향이 어딘가 모르게 애처로워서 나는 단박에 마음에 들고 말았다. 그리고 여름 내내 그 가게를 드나들며 수박 셰이크를 마셨다.

페미나 상을 받은 「409 래드클리프」는 그 무렵의 생활을 바탕으로 쓴 소설이다. 상을 받은 후 인터뷰를 할 때, '아버지의 영향은?'이란 질문과 비슷할 정도로 '어디까지가 픽션이고 어디부터가 논픽션이냐?'는 질문을 자주 받았다. 그러나 그런 것을 작가가 알 리가 없다. 소설이란 그 전체가 픽션이라고 나는 믿고 있다. 그런 한편 아무리 거짓말을 늘어놓아 봐야, 쓴다는 행위 자체는 작가의 내면을 통과하는 시점에 이미 작가의 내적 논픽션이 되는 것을 피할 수 없다. 그 정도는 누구나 아는 일이라고 생각한다. 어디까지가 픽션이고 어쩌고, 하는 질문을 당할 때마다 나는 속으로 생각했다. 이 인간, 머리가 참 나쁘네.

지금 나는 도쿄에 있으면서 프렌들리스의 환한 색 벽지와, 길쭉한 잔에 찰랑찰랑 담겨 있던 수박 셰이크와, 유리창 너머로 보이던 엘크턴 로드의 먼지 낀 여름 풍경을 그립게 떠올린다. 그립게 떠올리지만, 그 풍경은 이미 픽션이다. 프렌들리스의 하얀 테이블에 턱을 괴고 빨대로 수박 셰이크를 마시는 내 멍한 옆얼굴은 기억 속에서조차 전혀 타인으로 보인다. 내가 살짝 고개 돌린 순간, 그녀가 쓰윽 일어나 혼자 움직이기 시작한다. 그런 게 재미있어서 소설을 쓴다고 생각한다.

수박 셰이크 얘기를 한 김에 칼피스 얘기도 하자. 나는 원래 칼피스를 무척 좋아해서, 칼피스 없는 여름은 생각할 수 없다. 어두컴컴하고 써늘한 부엌, 금방이라도 소나기가 쏟아질 듯한 창밖 공기, 마당의 잎사귀들, 냉장고 문을 닫는 소리, 바닥에 짝짝 달라붙게 맨발로 부엌을 걷는 느낌. 칼피스를 둘러싼 그런 광경들을 하나하나 다 기억하고 있고, 두 손으로 커다란 컵을 든 건방져 보이는 아이는 어릴 적 내 모습일 텐데, 그런데도 도무지 타인으로만 느껴진다.

그렇지, 나도 그렇게 어렸더랬지, 땋은 머리가 쥐 꼬리 같았고. 가령 이렇게 기억을 더듬으며 중얼거리다가 기억 속의 어린아이와 눈이 딱 마주치면, 나는 그만 화들짝 놀라고 만다. 그 아이의 눈에는 마치 에일리언이라도 본 것처럼 경계심이 어려 있고, 나는 나대로 시간의 연결 고리가 사방으로 흩어진 듯한 감각에 뭘 어쩌면 좋을지 몰라 허둥댄다. 자신을 잃어버리는 순간의 그 어질어질한 느낌을 나는 유독 좋아한다.

의식과 무의식의 그런 틈, 현실과 비현실의 도착倒錯이 소설의 에너지라고 생각한다.

서점에 쪼그리고 앉아서

 스물세 살 때 미국에 갔다. 기껏해야 1년이니까 그동안 일본어로 된 글을 읽지 못해도 상관없다고 생각했다.
 그랬으니 몇 달이 지나 뉴욕에서 '선禪'이라는 일본 책 전문점에 들렀을 때 그렇게 동요할 줄은 꿈에도 몰랐다. 실제로 나는 몹시 동요했고, 그다음에는 흠뻑 취하고 말았다. 일본 서점의 냄새!
 정다운 다자이 오사무와 나쓰메 소세키, 두툼한 패션 잡지와 만화 잡지, 소년 문고까지 재회하고는 나는 진짜 흥분했다. 한 권을 펼치니, 그렇게만 했는데도 문장이 눈에 들어왔다. 활자를 읽지 않고 보기만 했는데도, 피부가 언어를 흡수했다. 날마다 영어와 씨름을 하던 나는 환호성을 질렀다. 일본어가 쑥쑥 몸에 배어들었다.
 갖고 싶은 책도 한 아름이고, 이것저것 다 읽고도 싶었지만 하필 돈이 떨어진 때라서(게다가 외서라서 비쌌다) 잠시 망설

I 달의 사막을 여행하는 버스

인 끝에, 서점에서 읽어버리기로 했다.

하루에는 다 읽을 수 없어 며칠을 다니며 세리자와 고지로의 『결혼』(일본에서는 이미 절판되어 아무리 찾아도 구할 수 없었다)과 어윈 쇼의 『루시 크라운이라는 여자 Lucy Crown』(굳이 번역본으로 읽다니, 한심하다)를, 구석구석 핥듯이 읽었다. 서점 바닥에 쪼그리고 앉아 책을 읽기는 그때뿐이었다.

달의 사막을 여행하는 버스

 달의 사막을 보고 싶다는 생각으로 튀니지에 갔을 때다. 유럽에서 온 노인 단체의 투어 버스를 얻어 타고 도중까지 갔다. 수도 튀니스에서 사하라를 향해 남쪽으로 남쪽으로 끝없이 달리는 버스였다. 이 투어에 참가한 사람들과 지낸 이틀은 뭐랄까, 이상하면서도 흥미로웠다.

 버스 안은 순전히 불어권인데, 나는 불어를 할 줄 모른다. 그래서 아랍인 가이드(그의 영어는 발음이 상당히 이상하다)와 덴마크에서 온 두 노부인(그녀들은 영어를 유창하게 했다)이 아니면 누구와도 대화를 나눌 수 없었는데, 할아버지 한 분이 툭하면 내게 말을 걸었다. 여든두 살인 할아버지는 풍채가 좋은 노인들 사이에서도 특히 몸집이 거대했고 그 탓에 말하는 것조차 힘겨워 보였다. 그러던 어느 때(식사 때였고, 우리는 마주 앉아 있었다), 갑자기 두 손으로 심장을 누르고는 숨을 헉헉거리며 신음하듯 말하기에, 그만 심장 발작을 일으킨 줄로만 알고 당황한 나는 가이드를 부르고 말았다. 달려온 가이드가 할아버지와 두세 마디 나누더니 쓴웃음을 지으며 하는 말이, 이 사람은 그저 "젊은 아가씨와 밥을 먹는 게 너무 오랜만이어서 심장이 두근거린다고 했을 뿐"이란다.

덴마크에서 온 노부인들은 둘 다 과민한 성격인지 레스토랑의 식기를 하나하나 냅킨으로 닦은 후에 사용했고, 식사를 끝낸 후에는 약을 엄청 먹었다. 자연 보호에 관한 얘기를 좋아하고, 다른 노인들보다 세련된 데다 기민하게 움직이면서, 누가 꿈지럭거리는 것을 보면 "이러니 나이 먹은 사람을 싫다 하지" 하면서 인상을 찡그렸다.

노인들은 정말 까다롭다. 그러면서도 별일 아닌 일에 쉬이 기뻐한다. 조금 전까지 얼굴을 붉히며 뭐라고 말하는가 싶더니 금세 잠이 들고, 조금 전까지 자는가 싶더니 이내 눈을 뜨고 과자를 먹는다. 아무튼 나를 포함해서 그 버스에 탄 승객에게는 협조라는 개념이 희박해서, 그것이 오히려 천연덕스러운 편안함과 어떤 유의 명랑함을 빚어내고 있었다.

남쪽으로 내려가면서 태양이 점차 뜨거워져 버스 안에서도 모자가 필요했다. 버스가 하도 고물이라 비도 오지 않는데 천장에서 물이 새고, 잠시 멈춰 쉴라치면 집시 아이들이 모여들어 볼펜과 과자를 달라고 졸랐다. 그런가 하면 노인들은 상송을 웅얼거리고, 내게도 거의 강제로 일본 노래를 부르라며 다들 손뼉을 쳐주는데 하나같이 제멋대로라 리듬이고 뭐고 없었다. 노래를 부르면서, 될 대로 되라고 생각했다. 그동안에도 버스는 남쪽으로 달렸다. 덩치 큰 운전사(그도 아랍인)는 한 되짜리 올리브 오일을 병째 마시면서 대담하게 질주했고, 창문을 꼭 닫아도 틈새로 파우더 같은 모래가 들어와 눈이며 입까지 까끌거렸다. 끝없는 모래와 낙타와 저무는 태양. 버스 안은 노래 자랑 대회.

  그렇게 나는 사막에 도착했다. 버스에서 내리자 콩가루 같은 사막의 모래에 발목까지 잠기고 말았다. 망막하고, 허무한 풍경. 그 밤, 우리들은 '사막의 장미'라는 묘한 이름의 오두막집에 묵었는데, 나는 밤중에 몰래 산책을 하러 나갔다. 그리도 보고 싶었던 달의 사막. 반짝반짝 물에 젖은 것처럼 빛나며 한없이 펼쳐지는 밤의 사막이 숨이 멈출 만큼 아름다워, 나는 망연히 서 있었다. 노인들은 모두 일찍 잠자리에 드니 이런 광경을 볼 수 없어 안됐다고 생각하던 중, 저만치에서 말소리가 들렸다. 귀를 쫑긋 세우고 눈을 찡그려 보니, 앞쪽에서 노인들이 단체로 돌아오고 있었다. 산책을 다녀오는 모양이었다. 그 모습을 보고서 나는 그만 할 말을 잃었다. 모두들 머리에 하얀 터번까지 두르고 한껏 기분을 내고 있었다.

달빛 속에서 와글와글 걸어오는 그들의 모습이 유머러스하고 귀엽고, 왠지 모르게 거룩하기까지 했다.

조금 탁한 느낌

"다그르륵 다그르륵."

이 책(안자이 미즈마루의 소설 『손바닥 안의 토큰』)은 히터관에서 나는 이런 소리로 시작된다. 그날의 날씨와 실내 온도까지 단번에 알 수 있는, 마치 영화 같은 서두다. 그것도 좀 오래된 흑백 프랑스 영화. 서두만 그런 게 아니다. 뉴욕에서의 일들이 그려져 있는데, 담담하게 흘러가는 스토리하며 주인공들의 적막한 옆얼굴하며, 이 책은 프랑스 영화적인 분위기로 넘친다. 그리고 그것은 안자이 미즈마루 씨 소설 특유의 '조금 탁한 느낌'과 관계가 있지 않을까 생각한다.

『아마릴리스』라는 소설을 읽었을 때, 이 '조금 탁한 느낌'이 너무 좋아 한동안 다른 책을 읽을 수 없었다. 『손바닥 안의 토큰』에서도 그 느낌은 달라지지 않았다.

탁하다고 해서, 옛날 소설 같은 탁함은 물론 아니다. 무겁거나 끈적거리는 것이 아니라 인생에는 이런 시간도 분명 있다는 시간에 대한 어떤 유의 감촉, 아련한 슬픔 같은 것. 조금은 고독하고 조금은 따분한(아마도 청춘이라 불릴) 나날들은 원래가 조금씩 탁하다고 생각한다. 안자이 미즈마루 씨가 그걸 글로 표현할 때의 그 푸근한 탁함은 뭐라 말할 수 없이 절묘해서 나는 그만 가슴이 설레고 만다.

그건 그렇고 소설을 탁하게 하는 것의 정체가 불가사의하다. 인습이나 도덕, 가족 제도나 자아의 확립, 그런 것들에 얽힌 애증이 소설의 핵심이었던 시대라면 몰라도, 굴레의 개념이 희박한 현대에 이렇듯 경쾌하게 탁해질 수 있는 소설은 흔치 않다. 안자이 미즈마루 씨의 소설은 언제나 묘하게 정겹다. 마음의 가장 깊은 곳이 반응한다. 답답하기도 하고, 애달프기도 하고, 좀 쑥스럽기도 한 느낌. 그리고 그 옛날의 자신과 딱 마주친 것처럼 묘한 그리움이야말로 그의 소설을 탁하게 하는 것의 정체인지도 모르겠다.

안자이 씨의 소설에 등장하는 사람들은 머리로 생각하지 않고 마음으로 생각하는 인종이다. 어디에도 전혀 힘이 들어가 있지 않은 자연스러운 호흡, 자연스러운 언어.

그래서 『손바닥 안의 토큰』은 아주 자연스러운 러브 스토리일 수 있는 것이리라. 예를 들어 비 내리는 센트럴 파크에서 사토미가 넘어지는 장면, 둘 사이에 감도는 기운까지 아주 자연스럽게 넘쳐흘러, 왠지 울고 싶은 기분이 든다. 그들의 별것 아닌 대화, 리듬, 사소한 말다툼, 군데군데에서 되살아나는 도쿄에서의 일들. 애정이란 아마도 이렇게, 정열이나 욕망과는 전혀 다른 장소에 고요히 존재하는 것이라고 생각한다.

얼마 전에 본 프랑스 영화 〈동정 없는 세상〉의 권태감과도 비슷할지 모르겠다. '권태감'이라고 해서 데카당스나 퇴폐적인 것은 절대 아니다. 보다 일상적이며 보다 견실하다. '견실'은 안자이 미즈마루 씨의 소설을 표현하기에 더없이 적절한 말이다.

(본인은 이 표현이 '죽고 싶을 만큼 부끄럽다'라고 에세이에다 쓰기는 했지만) 안자이 미즈마루 씨는 일러스트레이터다. 일러스트레이터라는 말의 울림과 본인의 모던한 풍모 때문에 안자이 씨의 소설을 세련된 현대풍 소설일 것이라고 생각하는 사람이 있다면, 그건 경솔한 선입견이다. 소설을 보고 작가를 짐작하는 취미는 없는 데다 등장인물과 작가를 혼동하는 마음은 더욱이 없지만, 안자이 씨는 이 소설에 등장하는 '나'와 비슷하게, 나팔 청바지가 한창 유행하던 시절에도 평범한 일자 청바지를 입었던 사람일 것이라고 생각한다. 그런 사람에게 소설을 쓴다는 것이 얼마나 고통스러운 작업이었을지.

그런 불필요한 생각마저 들 정도로, 이렇듯 견실한 소설을 쓸 수 있는 사람은 쉬이 없지 않을까 싶다.

오후의 홍차와 장미의 나날

　정말 사방이 꽃으로 넘쳐났다. 델피니움, 클레마티스, 폭스글러브, 앵초. 펜넬, 작약, 석남화, 카네이션. 개양귀비, 물망초, 피튜니아, 마리골드. 영국답지 않게 줄곧 맑게 갠 하늘 아래, 눈이 아파올 만큼 색채가 현란했다.

　꽃들은, 물론 사람의 정성스러운 손길이 닿았겠지만, 그 압도적인 양과 숨이 턱 막힐 듯한 생기 때문에 마치 들꽃처럼 보인다. 그냥 내버려두어 제멋대로 자란, 화려하고 와일드한 꽃들.

　장미 역시 예외가 아니었다. 블레넘 궁전의 창문 아래 싱그럽고 아름답게 피어 있는 하얀 장미, 부지 안에서 사냥을 할 수 있을 만큼 광활한 넓이를 자랑하는 데인스필드 하우스의 정원 한구석에 핀 장미, 해묵은 마을 코츠월즈만의 따분하리만큼 조용하고 아름다운 거리의 아무 벽에나 흐드러지게 피어 있는 새빨간 장미. 종류별로 나뉜 구획에 마치 실물 크기의 식물도감 같았던 히드코트 가든과 하이드 파크의 장미원, 해던 홀 성의 돌벽을 타고 기어오른 분홍색과 빨간색의 자잘한 덩굴장미. 리젠트 파크의 벤치에 앉으면 머리 위를 뒤덮는, 아치에 뒤엉킨 엷은 분홍색 장미와 바람에 흔들리는 풍성한 초록 잎사귀들. 영국의 국화이기도 한 장미는 초여름의 영국을 다니다 보면 어디서든 흔히 볼 수 있지만, 강렬한 햇살 아래 꽃술까지 고스란히 드러낸 채 활짝 피어 있는 그 장미들은 야생의 들꽃처럼 느긋하게, 실로 한가롭고 푸근해 보였다. 꽃 하나하나가 기뻐하는 듯했다. 거기에 피어 있다는 것을 진심으로 즐기는 듯한 느낌.

그 여유로움이 주위에 발산되어, 걷고 있기만 해도 행복한 기분이 든다. 사소하고도 일상적인, 가령 콧노래 같은 경쾌한 행복. 사람들이 줄줄이 모여드는 이유가 바로 거기에 있지 않을까 한다. 어른이든 아이든, 개와 고양이와 새들까지.

실제로 잠시 공원을 거닐다 보면 다양한 사람들과 마주친다. 이어져 있는 것처럼 팔짱 낀 노부부, 연인들, 어린아이들. 강아지와 산책하는 사람, 물새에게 모이를 주는 사람. 스케치를 하는 사람, 사진을 찍는 사람, 책을 읽는 사람, 낮잠 자는 아저씨. 런치를 즐기는 사람, 밝은색 옷을 입은 노부인들. 결혼식 장면과도 두 번 마주쳤다. 꽃이 만발한 공원을, 신랑 신부를 중심으로 드레스업한 사람들이 와글와글 줄줄이 걸어간다. 그런 장면마저 풍경의 사소한 일부가 될 만큼 꽃들이 압도적이다. 어질어질한 느낌. 뭐랄까, 과도하게 피어 있다.

장미 주위로는 개미도 벌도 모여든다. 가느다란 손가락뼈 같은 황록색 가지에는 개미들이 기어 다니고 겹겹이 흐드러진 꽃잎 속에는 오동통하게 살찐 벌이 숨어 있어, 얼굴이 거의 묻힐 듯 가까이서 꽃향기를 맡을 때면 나는 몇 번이나 움찔 놀라곤 했다.

영국 사람들은 꽃을 사랑하고 정원을 사랑한다. 정원의 일부를 이루는 벌레에 대해서도, 그 존재에 경의를 표하는 듯하다. 잎사귀를 파먹어 엉망으로 만드는 원수 같은 달팽이도 죽이지 않고 비닐 봉투에 모아 담아 옆 정원에 던질(!) 정도다. 이는 영국에 산 지 20년이 되는 카메라맨의 증언이다.

이 카메라맨의 제안에 따라, 지역 사람들이 꽃을 사러 가는 꽃 가게와 대학생들이 내일 있을 조정 경기에 대비해 연습하고 있는 해 질 녘의 강가―기운 햇살, 파랑과 하양 줄무늬 텐트, 선수들의 구령 소리와 하얀 유니폼, 수면 위를 질러 가는 바람―에도 들르면서 여행은 계속되었다. 아침부터 오트밀에 위스키를 넣어 먹고, 저녁때면 테라스에서 진 토닉을 홀짝거리고, 밤에는 거대한 생선 요리를 포식하고, 그 사이사이 차도 마시면서.

애프터눈 티를 마시는 습관은 19세기 중반에 베드포드 공작 부인 애나 마리아가 사교계에 소개한 후로 정착, 영국 사람들의 일상에 빼놓을 수 없는 요소가 되었다고 어떤 책에 쓰여 있다.

이론보다는 실천. 온갖 곳에서 '트래디셔널 애프터눈 티'를 시음해보았다. 예를 들자면 매너 하우스의 정원이 내다보이는 테이블에서. 고전적인 호텔의 라운지에서. 조그만 간판이 달린, 시골의 귀여운 크림 티 가게에서.

차는 하나같이 맛있었다. 잎차는 물론 티백으로 우려낸 차도 충분히 맛있어, 가게를 나설 때에는 언제나 '내가 마신 차와 같은 차'를 주문해 샀을 정도다. 그 차들은 모두 유명한 브랜드 제품이 아니라 하우스 브랜드로 가격도 적당했다. 영국의 홍차는 정말 건실한 맛이 난다고 생각한다.

트래디셔널 애프터눈 티의 기본 양식은 홍차에 우유, 그리고 화려한 새장처럼 생긴 3단 틀 위 접시에 담긴 샌드위치와 스콘과 케이크다.

케이크는 장소에 따라 여러 가지로 달랐지만, 여름다운 베리류의 타르트(딸기든 블루베리든 그야말로 산더미처럼, 타르트에서 넘쳐흐를 듯 듬뿍 얹혀 있었다)가 많았다. 샌드위치는 오이를 사용하는 것이 정식, 그 깔끔한 맛이 나는 좋았는데 2, 3층 접시의 백미는 물론 스콘이었다.

스콘에는 잼과 크림이 곁들여 있고, 잼은 주로 딸기 잼이 많았다. 간혹 라즈베리인 경우도 있고 오렌지 마멀레이드인 경우도 있었지만, 민튼의 이사 앤 린스코트 씨의 말을 따르면 '반드시 딸기'여야 한단다.

크림은 대개 클로티드Clotted와 프레시(Whipped) 크림 두 종류 중에서 고를 수 있다. 클로티드는 '굳혔다'는 뜻으로 거품을 낸 크림에 비해 부드럽고 깊은 맛이 나지만 뻑뻑하고 무겁다. 색깔은 희미한 크림색이고, 산지에 따라 '데번셔'와 '코니시' 등의 종류가 있다. 나는 이 클로티드 크림이 정말 마음에 들었다. 싸늘하고 매끄럽게 목을 넘어가는 그 느낌이 뭐라 말할 수 없이 좋았다. 그것도 따끈한 스콘 위에서.

인상적이었던 것은 Bo-Peep란 가게의 애프터눈 티였다. 이 가게는 1992년도에 Top Ten Tea Places in Britain에 선정된 곳이다. 이곳에서 마신 홍차는 꽤 일품이었다. 이 가게의 명물답게 거대한 스콘도 소박하고 맛있었고, 게다가 사뭇 서민적이고 질박한 갈색 포트가 시크했다(이번 여행에서는 명품 도기를 생산하는 요에도 방문했는데, 그런 곳의 도기도 충분히 아름다웠지만 내 눈에는 이 갈색 포트가 가장 좋아 보였다. 두툼해서 보온성도 좋다).

Bo-Peep는 가게 바로 앞이 개울이라, 모두들 풀밭에 그냥 앉아 피크닉을 즐기듯 여유롭게 차를 마셨다. 편히 뻗은 맨발 저 만치에, 들풀에 가린 포트가 언뜻언뜻 보인다. 그리고 그 풍경! 물소리, 이파리들 사이로 쏟아지는 여름 햇살, 해묵은 돌담, 같은 색의 돌다리. 정말 목가적인 차였다. 차를 마신다는 것은 시간을 멈추게 하는 행위라는 것을 분명히 알게 된다. 의도적으로 생활을 정체시키는 것.

식물들이 유난히 파룻파룻 생기발랄한 것도 그 때문인지 모르겠다. 과연 '이상한 나라의 앨리스'의 나라다. 장미를 바라보며 차를 마시고, 점차 나른하게 정체되어가는 머리 한편으로, 나는 멍하니 그런 생각을 한다.

Ⅱ 아빠의 잔소리

나는 내 가족을 사랑한다. 그리고 물론 그와 똑같은 정도로 증오한다. 사랑하고, 사랑받는다는 것, 그것만으로도 하나의 증오다.

아빠의 잔소리

아빠의 잔소리는 그 근거가 합리성에 있지 않다. 오로지 그의 취향과 기분에 따른다. 어렸을 때 나는 아빠의 잔소리 속에서 자랐다.

어린 나는 프릴과 꽃무늬와 분홍색을 정말 좋아했는데, 엄마가 내게 새 옷을 사줄 때마다 아빠는 못마땅해했다. 그는 아이들 옷 색은 감색이나 하양, 그리고 회색이어야 품위 있다고 단정했다.

사용해서는 안 되는 말도 참 많았다. '참 내'와 '하지만'이 그 대표 격이었다. 입에서 나오는 순간, 뒷말은 듣지도 않은 채 아빠는 다짜고짜 혼을 냈다.

초등학교 1학년 여름방학 때, 나는 태어나 처음으로 그림일기를 썼다. 첫 페이지를 다 그리고 신이 나서 아빠에게 당장 보여주러 갔더니, "어디, 어디" 하며 일기장을 들여다본 아빠가 (아빠는 일하는 중이더라도 절대 '나중에'라는 말을 하지 않았

다) 갑자기 엄한 표정을 지으며 말했다.

"일기는 '오늘은'으로 시작하는 것이 아니다. 당연히 오늘 일을 쓰는 거니까."

여섯 살 난 나의 그 실망. 풀이 폭 죽어 서재에서 나가려는 내 등에 대고 아빠는 쏘아붙이듯 또 말했다.

"아, 그리고 '나는'으로 시작해서도 안 돼. 나에 대해 쓰는 것이니까."

중학생 때는, 머리 스타일이 교칙에 단발머리로 정해져 있었다. 아빠는 "단발머리는 이마를 가리니까 안 된다. 너는 이마를 내놓고 다녀" 하고 주장했다. 무슨 말을 해도 소용이 없었다. 교칙 위반 따위는 아빠 안중에 없는 것 같았다.

놀러 나가기 전에는 누구를 어디에서 몇 시에 만나, 어디에 갔다가 몇 시에 돌아올 것인지 정확하게 말하라고 하기에, 그것들 전부를 빼놓지 않고 정확하게 말했더니, 그렇게 모두 정한 후에 보고를 하다니 대체 뭐냐고 꾸짖었다. 어린 마음에, 비논리적이라고 생각했다.

아빠는 정말 온갖 일에 시시콜콜 잔소리를 했다. 옷과 귀가 시간은 말할 것도 없고 말투며 웃음소리까지, 그는 가차 없이 토를 달았다. 그렇다 보니 어쩔 수 없이 아버지와 딸 사이에 늘 전투가 벌어졌다.

아빠의 그런 잔소리가 쑥 들어간 것은 내가 스무 살이 되던 즈음이었다고 생각한다. 딸을 어른이라고 인정한 것인지 아니면 그저 포기한 것인지 분명하지 않지만, 아무튼 그 즈음부터 아빠는 예전만큼은 잔소리꾼이 아니었다. 내가 한밤중인 3시에 집에 들어와도 화내지 않았다(그러나 자지 않고 기다렸다).

잔소리는 자연 도태되었지만 그래도 잔소리 십팔번은 여전히 남아 있었다.

"뭐냐, 그 꼴이. 여기가 무슨 파푸아 뉴기니도 아니고."

눈에 확 띄는 색깔의 스웨터, 커다란 링 귀걸이, 헐렁헐렁한 원피스. 아빠 눈에 그런 것들은 모두 '파푸아 뉴기니 꼴'이었다. '파푸아 뉴기니 꼴'에 명확한 정의는 없었다. 이 말이 '칠칠치 못함'과 동의어로 사용되는 경우가 많아 더욱 흥미로웠다. 예를 들어 빨간 립스틱을 발랐을 때.

"뭐냐, 그 꼴이. 파푸아 뉴기니 여자도 아니고."

"뭐냐, 그 칠칠치 못한 꼴이."

이렇게 양쪽으로 말할 확률이 거의 반반이다(파푸아 뉴기니 분들, 정말 죄송합니다).

아빠가 실제로 파푸아 뉴기니라는 나라가 어디에 있는지 알고 그랬는지는 미지수다. 아니, 물어도 절대 대답 못 했을 것이다. 하물며 파푸아 뉴기니 여성들이 어떤 색깔의 립스틱을 바르는지 아빠가 알았을 리가 없다. 아빠에게 그 나라는 그저 한 없이 멀고 다른 문화를 지닌 곳이라는 애매모호한 이미지에 지나지 않았다. 그리고 그 점은 회사에 취직한 지인들이 하나 같이 이렇게 말한 것으로도 알 수 있다.

"파푸아 뉴기니나 아부다비 같은 곳으로 발령 나면 어떻게 하지."

아빠는 좋고 싫음이 분명한 사람이었다. 좋고 싫음이 애증으로 직결되었다. 체질이 그런 사람이었다고 생각한다. 그는 언어를 사랑했고, 잘못된 언어 사용은 증오했다. 평온한 것을 사랑하고 과격한 것을 증오했다. 그것은 지극히 체질적인 것이었으며, 따라서 아빠의 잔소리에 타협의 여지는 없었다.

문제는 어느 쪽이 옳으냐, 하는 것이 아니다. 아빠는 잔소리를 한다. 나는 비논리적이라고 생각한다. 그런데 이렇게 비논리적인 잔소리를 하는 아빠의 미간에 새겨진 주름은 딸의 입을 다물게 하는 동시에 씁쓸히 웃게 만들 정도로 진지한 고뇌에 차 있다. 아빠의 애수라고나 할까.

중학생 때는 타협의 여지가 없는 아빠의 잔소리 때문에 우리 아빠가 얼마나 비민주적이며 비문화적인지 한탄했는데, 요즘은 타협의 여지가 없는 잔소리를 그렇게 진지하게 할 수 있었다는 것은 오히려 아주 문화적(문화재적이라고 해야 하나)이기 때문이어서가 아니었을까, 하고 생각한다.

 그리고 마지막으로 하나 더 덧붙이자면, '파푸아 뉴기니 여자' 같은 꼴을 하고서 아빠 왈 '혼란스러운 언어'로 얘기하고, 늦은 밤까지 술을 마시고 돌아오는 딸은 일기를 쓸 때 지금도 절대 '오늘은'으로 시작하지 않는다.

여동생의 부재와 그 영향

여동생이 취직한 지 1년이 되었다. 작년 이맘때, "취직을 뭐 하러 해" 하면서 어르고 달래보았지만 헛일이었다.

그녀가 취직을 위해 열심히 면접을 보러 다닐 때, 나는 "취직하면 얼마나 힘든지 아니?" 하며 몇 번이나 위협하고, 취직하지 말고 같이 재미나게 지내자고 날마다 유혹했다. 하지만 그녀는 밤마다 투피스와 펌프스(평소 집에 있을 때는 마치 조깅하는 사람 꼴을 하고 있는데)를 머리맡에 가지런히 놓아두고, 그걸 원망스럽게 바라보는 내게 "(옷을) 숨기면 안 돼"라 못을 박고 잠들었다. 그렇게 애쓴 보람이 있어, 원하는 회사에 합격했다.

그리고 동생은 지난 1년 동안 매일(아침부터 밤까지는 물론이요, 때로는 아침부터 다음 날 아침까지) 회사에 다니고 있다. 토요일에도 출근한다. 극단적으로 자기 일에 열심인 성격이다. 그러니 당연하지만 출장도 간다. 덕분에 오래도록 동생에게 의

존했던 나의 생활은 와르르르 소리 내며 무너지고 말았다.

애당초 나는 왜 그렇게 동생에게 의존하게 되었을까. 그녀가 내게는 없는 다양한 능력을 고루 갖추고 있기 때문이었다.

예를 들면 계산 능력. 쇼핑을 할 때 소비세 계산을 비롯해서 해마다 3월이면 해야 하는 소득세 신고(세금이 무서운 게 아니다. 내 수입 정도면 오히려 세금이 다소 환급된다. 무서운 것은 신고 그 자체, 골치 아픈 계산 그 자체다)까지, 나는 동생이 없으면 궁지에 몰린다.

예를 들면 사무 처리 능력. 마감 날짜가 지났는데도 쓰지 못한 원고가 몇 가지나 쌓이면 나는 이성을 잃는다. 어디서부터 손을 대면 좋을지 모르는 것이다. 하얀 원고지와 마주해야 하는 두려움을 견디다 못해, 다섯 시간이나 욕조에 몸을 담그고 있기도 한다. 그런 때, 동생이 다가와 이렇게 말한다.

"뭐하고 뭘 써야 하는지, 다 말해봐."

나는 작은 소리로(때로는 거의 울먹이는 소리로) 대답한다.

"A하고 B 그리고 C도 있고, 아, D하고 E도 있다!"

동생은 잠시 생각하고서, 놀랄 만큼 냉정하게 내 스케줄을 짜기 시작한다.

"우선 C를 써야겠네. 오늘 밤 안에 쓸 수 있겠지. 그다음은 A. 그다음에는 D와 E를 쓰고, B는 제일 마지막에 써도 되겠어."

왜냐고 물으면 동생은 이렇게 논리 정연하게 설명한다.

"B는 잡지잖아. 발행일이 아직 멀었으니까 여유 있어. 그리고 A는 D나 E보다 먼저 의뢰를 받았잖아. C는 아무개 씨(라고 담당 편집자의 이름을 말하면서)에게 늘 폐를 끼치고 있으니까, 이번 한 번 정도는 우선적으로 써야지."

10분 후, 나는 물에 퉁퉁 불은 손에 만년필을 쥔다.

그런 일화는 얼마든지 쓸 수 있지만, 내가 가장 존경하는 동생의 능력은 그녀가 텔레비전을 볼 때 발휘된다.

예를 들어, 스모. 동생은 그날그날의 대진표를 완벽하게 파악하고서, 오후가 되면 내가 일하는 방으로 올라와 몇 시에 거실로 내려오면 되는지 가르쳐준다.

"오늘은, 마이노우미부터 보고 싶으면 4시 40분, 데라오부터 보고 싶으면 5시 5분, 다카토리키는 5시 15분부터."

도치노와카가 경기하는 거 보고 싶은데 몇 시쯤 나올까? 오늘은 일이 바쁘니까 고토니시키 경기만 보고 싶은데. 이런 나의 질문에 그 자리에서 바로바로 대답해준다.

볼륨도 참 적절하게 조절한다. 예를 들어 NHK 대하드라마를 볼 때, 그 드라마는 배경 음악과 효과음(말발굽 소리나 칼날이 부딪치는 소리 등)이 유난스레 크니까, 동생은 리모컨을 한 손에 쥐고서 소리가 변화할 때마다 볼륨을 올렸다가 내렸다가 —

배우 한 명 한 명의 목소리 크기까지 고려해서—하면서 최상의 상태로 조절해준다. 물론 우리 집에서 비디오를 제대로 다룰 줄 아는 유일한 인재가 동생이라는 것은 두말할 필요도 없다.

압권은 스포츠 뉴스. 한신 타이거스가 이긴 날, 그녀에게 리모컨을 쥐어만 주면 나는 그 신 나는 경기를 하룻밤에 다섯 번이고 여섯 번이고 마음껏 볼 수 있었다. 각 채널의 뉴스 시간과 스포츠 코너 전부를 숙지하고 있는 그녀는 이렇게 알려준다.

"우선은 10시 15분에 〈뉴스 스테이션〉을 보는 거야. 그리고 NHK. 그다음은 채널을 10으로 돌려서 〈도칸토 잇바츠〉를 보고. 그다음은 프로 야구 뉴스. 채널 4에서는 가케후 씨의 해설로 보고, 채널 6에서는 지쿠시 씨, 그리고 마지막으로 채널 12에서 후루사와 씨."

또는 이렇게.

"오늘은 일요일이니까 채널 10에서 구리야마 씨를 보고, 12에서는 구라마 씨, 6에서 사다오카 씨를 보고, 8에서 다오 씨."

정말 훌륭한 프로그래머였다.

그런 동생이 취직한 후로 나는 텔레비전을 보는 일이 확 줄어들었다.

그런 데다!

동생에게는 '떡 굽는 여자'라는 별명이 있다. 말 그대로 우리

식구들 가운데서 떡 굽는 담당이다. 더불어 나는 '홍차 끓이는 여자'다. 전기 프라이팬에 쇠망을 올려놓고, 네모난 인절미를 죽 늘어놓고서 들러붙지 않게 굽는다. 속살은 보들보들 부드럽게, 표면은 살짝 눌어서 고소하게. 모서리가 딱딱해지면 안 된다. 그런 건 퇴짜다. 인절미를 제대로 굽기는 쉽지가 않다. 크기도 중요하다. 우리 집 사람들은 먹는 양은 얼마 되지 않으면서 갖가지로 먹고 싶어 하는 편이라 인절미를 조그맣게 많이 잘라서 갖은 맛으로 먹는다. 그런데 인절미를 자르는 일이 또 중노동이다. 힘도 필요하지만 끈기도 필요하다. 칼이 금방 끈끈해지기 때문에 무와 번갈아 자르는데, 나처럼 끈덕지지 못한 인간은 이내 포기하고 만다. 애꿎은 무만 잘려 나가고 정작 인절미 자르기는 제자리걸음이다. 게다가 자르면서 인절미가 줄어든다(말랑말랑한 인절미는 그냥 먹어도 맛있다).

그렇다 보니, 우리 집에서는 동생이 없으면 아무도 인절미를 먹으려 하지 않는다.

그런데 떡 굽는 여자와 홍차 끓이는 여자 사이에는 어떤 약속이 있다. 한밤중이든 이른 새벽이든, 동생은 홍차가 마시고 싶으면 나를 깨워 홍차를 끓이게 할 권리가 있고, 내게는 홍차를 끓여야 하는 의무가 있다. 반대로 한밤중이든 이른 새벽이든, 나는 떡이 먹고 싶으면 동생을 흔들어 깨워 떡을 굽게 할 권리가 있고, 동생은 떡을 구워야 하는 의무가 있다. 우리는 아주 오래전에 진지하게 그런 약속을 나눴고, 그 후에도 때로 약속을 확인하고 있다.

이때 중요한 것은 믿음이다. 아무리 약속을 했어도 그렇지, 한밤중에 자는 사람을 깨워 떡을 굽게 한 적은 없다. 깨우면 일어나준다, 떡을 구워준다, 만약 집에 사둔 떡이 없으면 편의점까지 뛰어가서 사 올 거라는 믿음. 그리고 물론 그 믿음은 진심으로 나눈 약속이기에 가능한 것이다. 내가, "한밤중에 깨워도 언제든 떡을 구워줄 거지" 하고 말할 때, 동생은 내가 그러지 않으리란 것을 알고 있다. 하지만 나는, 내가 만약 그러면 동생은 반드시 구워주리란 것을 알고 있다. 이런 밑도 끝도 없는 신뢰감은 인생을 참 즐겁고 살기 편하게 해준다고 생각한다.

동생이 취직한 후로 나는 툭하면 '지금 떡이 먹고 싶어지면 어떻게 하지' 하는 생각에 잠기곤 한다.

동생의 능력에 대해서는 아직도 쓸거리가 많은데, 그렇게 능력이 많은 동생이었으니 그 부재를 나만 아쉬워하는 게 아니다. 아빠도 엄마도, 그녀가 사표 던질 날을 은근히 기다리고 있다. 저녁을 먹기 위해 셋이 식탁에 둘러앉을 때면, 누가 딸바보 아니랄까 봐 이런 말을 주고받는다.

"우리 애처럼 유능한 신입사원이 들어왔으니, 회사가 얼마나

좋겠어요." (엄마)

"그런데 큰일이로군. 그렇게 유능하니 놓아주고 싶겠냐 말이야." (아빠)

급기야 신입사원치고는 비교적 센 그녀의 월급에 대해서조차,

"새우가 도미를 먹여 살리는 격이지."

라는 둥, 알다가도 모를 소리를 한다.

하기야 그런 가족의 속내 따위는 안중에도 없는 동생은, 당연하지만 오늘도 기운차게 일하고 있다. 이 원고를 쓰고 있는 지금 시각이 새벽 2시 50분인데 아직 들어오지 않았다.

요즘 그녀를 만나는 시간대는 주로 새벽이다. 각자 그날의 할 일을 겨우 마치고, 다크서클이 생긴 눈을 하고서 같이 목욕을 한다. 길 건넛집에 사는 아주머니가 얼마나 아침잠이 없는지 6시가 되기도 전에 현관 앞을 빗자루로 쓰는데, 우리가 목욕을 하다 보면 그 시원시원한 빗질 소리가 들려온다.

"우리 참 열심히 일하는 자매다, 그치?"

동생이 뜬금없이 말한다. 그렇게 둘이서 서로를 칭찬하고 노고를 치하하는 요즘이다.

책을 읽고 싶지 않을 때

 책을 쓰는 정도이니 책을 좋아할 것이라고 여겨지는 경우가 많다. 뭐 사실 책을 좋아하니 별 상관이야 없지만, 어린이 책—이 경우, 뭘 가지고 어린이 책이라 하는지 명확하지 않다—을 쓸 정도이니 어린이에 대해서 잘 알 것이라 여겨지는 경우도 많아 당황스럽다. 게다가 이 두 가지가 이상하게 맞물려, 어렸을 때부터 책을 좋아했을 것이라 여겨지기도 하는 것 같으니, 그 또한 참 난감하다.

 나는 어렸을 때부터 참을성이 영 없었다. 참을성이 없는 사람은 자연스럽게 자기 편한 방향으로 흐른다. 책을 읽으니 마당에서 비눗방울 놀이나 하겠다. 그렇게 생각하는 어린애였다.

 비눗방울 놀이 말고는 그림을 그리고 학종이 접는 것을 좋아했다. 그리고 흐물흐물. 개어놓은 이불 위에 엎드려 그저 뭐라고 주절주절거리고, 그러다 자기도 모르게 잠들어버리는 놀이를 나와 동생은 그렇게 불렀다.

"또 흐물흐물하고 말았네."

"요즘 우리 흐물흐물 안 했지."

"우리 뭐 하고 놀까?"

"우선 흐물흐물하면서 생각하자."

그리고 가공의 마을 만들기와 키 헌터1968년 4월부터 1973년 4월까지 방영된 텔레비전 액션 드라마—옮긴이 놀이를 하면서 매일 마음 편히 놀기만 했다.

지금도 그리 다르지 않다.

때로 질문을 받는다. 어렸을 때, 어떤 책을 읽었나요? 어떻게 하면 아이들이 책을 좋아하게 되나요?

질문이 어찌어찌하다 보면 상담이 되고 만다. 우리 애는 지금 ○살인데, 책을 도통 안 읽어요. 우리 애는 책을 고르는 감각이 전혀 없어요, ○○○○○(구체적인 책 이름이라서 죄송한 마음에 가립니다) 같은 책만 사달라고 해서. 우리 아이는······.

흐어어억.

나는 생각한다. 내가 누군가의 의논 상대가 되다니 말세다 말세, 라고(그래도 재미있으니까 상대방의 이야기를 끝까지 다 듣기는 한다. 그러게 성격이 좋지 않다니까요).

책과 만나게 된 획기적인 사건이 있다.

『지푸라기 하나로 부자가 된 사내』.

초등학교 2학년 때, '책 읽기'란 시간이 있었다. 도서관은 좋아했어도 책 읽기는 싫어했기 때문에 내게는 정말 따분한 시간이었다. 그 시간이 돌아오면 책꽂이에서 아무 책이나 한 권 뽑아 책상에 펼쳐놓고 읽는 척하면서, 실은 아무것도 하지 않은 채 멍하게 시간을 보내는, 그야말로 바보짓을 했다. 수학은 그래도 뭘 하는 게 있으니까 차라리 훨씬 재미있다고 생각했으니, 그게 정말 나였는지 의심스럽다.

그러다가 『지푸라기 하나로 부자가 된 사내』를 만났다.

표지 그림이 분홍색인 그림책이었다. 무심결에 손에 들었다가 글자가 적어서 나도 모르게 읽기 시작했는데, 재미있었다. 이다음은 어떻게 될까 하는 호기심에 페이지를 넘기는, 독서의 아주 기본적인 재미를 이때 처음 알았다고 생각한다.

그 이전에도 이야기의 재미를 알고는 있었다. 책을 스스로 읽는 것은 싫어해도, 누가 읽어주는 것은 좋아하는 성가신 아이였다. 잠들기 전에 꾸벅거리면서 카세트테이프로 만담을 듣거나, 아빠의 주특기인 지어낸 이야기—내가 아주 캄캄한 숲속에서 어떤 위험에 처했는데, 절체절명의 순간에 아빠가 등장해 나를 구해준다는 정형적인 것—를 듣는 것도 좋아했다.

하지만 그렇게 듣는 재미와 독서의 재미는 전혀 별개다. 종이에 갇힌 또 하나의 공간을, 제 손으로 페이지를 넘기고 제 눈으로 읽어나가면서 해방시키는 능동적인 작업이 지닌 즐거움.

나는 『지푸라기 하나로 부자가 된 사내』에 흠뻑 빠져버렸다. '책 읽기' 시간이 돌아오면 언제나 그 책만 몇 번이고 거푸 읽었다. 짧은 이야기라서 수업 시간 중에 몇 번이나 읽을 수 있었는데, 어쩌면 읽는다기보다 그저 바라보기만 했는지도 모르겠다. 나로서는 용케도 싫증을 안 낸 것이 오히려 감탄스러운데, 그 책을 너무도 애호한 나머지 끝내는 '알림장'에 '조금 더 어려운 책도 읽어보세요'라고 지적당하는 신세가 되었다.

책 읽기는 고혹적이다. 금단의 열매. 그만 읽고 싶은데 그만둘 수 없다고 생각하면서 책을 읽을 때의 흥분감은 거의 육체적 쾌락이라 할 수 있다.

그래봐야 세 살 버릇 여든까지 간다고 했던가. 여전히 참을성이 없는 나는 책을 읽기보다는 밖에 나가서 비눗방울 놀이나 해야지, 하고 생각하는 게 보통이었다. 지금도 책을 읽고 싶지 않은 때가 제법, 꽤 많다.

읽고 싶어 사놓고서 아직 읽지 않은 책이 잔뜩 쌓여 있고, 전에 정말 재미있게 읽어서 조만간 다시 한 번 읽어봐야지, 하는 책도 잔뜩이다. 그런 데다 일 때문에 읽을 필요가 있는 책, 누가 보내주었으니 읽고서 고맙다는 편지라도 써야지 하면서 그냥 그대로 놔둔 책, 읽어야 할 책이 수두룩하다. 그럼에도 책꽂이를 한차례 죽 훑어보고는 한숨을 쉬며 읽고 싶은 책이 없다고 중얼거린다.

골치 아픈 것은 책을 읽고 싶지 않은 것 자체가 아니다. 책을 읽고 싶다고 생각하는 버릇이 들고 만 것이다.

전철을 타거나 목욕을 할 때, 또는 치과 로비에서 책을 읽는 버릇이 붙고 말아 무슨 책이든 들고 가지 않으면 불안해진다. 또는 시간이 아깝다고 생각한다. 사실은 책 따위 하나도 읽고 싶지 않은데, 책보다는 비눗방울 놀이를 하고 싶은 기분인데도 책을 읽고 싶을 것이라고 믿고 있는 탓에, 읽고 싶은데 읽을거리가 없다는 갈증에 허덕이는 꼴이 되는 것이다.

그런 때에는 한동안 아무 책도 읽지 않는 것이 최선이지만, 그럴 수만도 없을 때(뭐든 읽고 싶다는 욕망—설사 착각일지라도—이 강해서 난감할 때)에는 나 나름의 타개책이 있다. 『일본 옛이야기 백선』이나 이탈로 칼비노의 『이탈리아 민화집』, 『그림 동화집』 등을 읽는다. 이야기 하나하나가 아주 짧아서 금방 읽을 수 있다. 모두 옛이야기를 모아놓은 책이고, 물론 『지푸라기 하나로 부자가 된 사내』의 교훈도 살아 있다.

옛이야기는 강력하다. 단순하고 세련되며, 뼈대가 아름답다. 그리고 우선 재미있다. 페이지를 넘기며 여기저기 골라 읽다 보면, 이야기에 대한 신뢰감이 되살아난다.

때로 소리 내어 읽기도 한다. 언어가 지닌 힘이 분명하게 전해진다. 특히 『일본 옛이야기 백선』은 다양한 사투리로 쓰여 있어, 소리 내어 읽으면 무척 신선하고 재미있다. 서두의 글만 해도 이렇게나 다채롭다.

옛날에 있었다네.

옛날에, 있었다 카더만.

옛날에 있었다지라.

옛날 옛날에 있었다는구먼.

까마득한 옛날에 있었다네그려.

옛날에, 있었다카이.

마지막의 '행복하게 잘 살았답니다'에 해당하는 말도 여러 가지로 다양해서, 읽다 보면 그 리듬만으로도 즐거워진다.

그리고 이다음은 어떻게 될까 하는 호기심 측면에서는 옛이야기와 더불어 추리 소설에서 비슷한 효과를 기대할 수 있다. 예상이 빗나가는 경우가 많은 것이 흠이지만, 때로 독서욕 감퇴기에 대비해 재미있어 보이는 미스터리 문고 몇 권을 찾아 사둔다. 아직 읽지 않은 책이 네다섯 권 있으면 일단은 안심이다. 소독약이나 소화제, 해열 진통제 등의 가정 상비약과 비슷하다.

  그렇게까지 하면서 독서욕을 부추겨서 어쩔 건데, 하는 생각도 하지만 책을 읽을 때 가슴 두근거리는 흥분감에서 오는 어떤 유의 중독성은 뼛속까지 녹인다. 아이들을 '책을 좋아하는 아이'로 만들지 않는 편이 좋다고 나는 생각한다.

넘쳐나는 변태들

사랑이 있는 곳에는 전쟁도 있다고 생각한다. 그러니 가족이란, 사랑과 증오의 볼레로다.

나는 옛날에 아빠가 욕실에서 수건으로 만들어준 만두를 기억하고 있다. 뺨을 부비면 가칠했던 아빠 턱의 감촉과, "만져봐, 지금은 매끈매끈하니까"라고 해서 만져봤을 때, 깜짝 놀랄 만큼 매끈매끈했던 느낌과 그때 어김없이 풍겼던 감귤류의 냄새도 기억하고 있다. 갈색 조그만 화장대 앞에서, 할머니의 긴 머리를 빗겨드리기를 좋아했다는 것도 기억하고 있고, 엄마의 양산이 땅 위에 그리는 동그란 그림자도, 매일 밤 책을 읽어주거나 노래를 불러주던 밝은 목소리도, 꼭 안겼을 때 딱 달라붙는 듯했던 엄마 가슴, 그리고 보드랍고 하얀 피부도, 모두 꼼꼼하게 기억하고 있다. 나는 사랑을 듬뿍 받고 자란 아이였다고 생각한다.

그런 한편, 나는 어두컴컴한 계단에 혼자 앉아 가만히 있는 것을 좋아하는 아이였다. 차갑고 빛나는 것처럼 하얀 벽과 그 끝에 보였던 기둥, 현관 쪽에서 새어 들어오던 불빛도 분명하게 기억하고 있다. 거실에서는 텔레비전 소리가 희미하게 들려왔다. 양말을 신지 않은 발가락도 기억하고 있고, 그때 마음속 깊이 찡하게 느꼈던 고독과 내가 홀로임을 묘하리만큼 냉담하게 즐겼다는 것도 기억하고 있다.

부모님과 말다툼을 하고서 목이 터져라 엉엉 울었던 기억도, '가족'이라는 말이 소름 끼치도록 싫었다는 것도, 방랑의 길을 떠나 천애고아가 되고 싶어 했다는 것도. 그런 기억이 정말 하나 가득하다.

나는 내 가족을 사랑한다. 그리고 물론 그와 똑같은 정도로 증오한다. 사랑하고, 사랑받는다는 것, 그것만으로도 하나의 증오다.

모든 가족은 변태적이라고 생각한다. '가족'이라는 배타적인 집단이 한곳에 모여, 그들만의 리듬으로 그들만의 아우라 속에서 살아가고 있다. 그것만 해도 기이하다.

하지만 우리는 그 기이함에서 벗어날 수 없다. 『백 년 동안의 고독』에 등장하는 부엔디아 일가와 『호텔 뉴햄프셔 The Hotel New Hampshire』의 일가처럼. 더 나아가서는 화기애애한 사자에 씨 일가조차도.

우리 가족 사이에서 한때 '가족 모으기' 게임이 유행한 적이 있다. 같은 종류의 카드를 네 장씩 모으는 단순한 게임인데, 우리 네 명(아빠와 엄마와 나, 그리고 여동생)은 그 게임에 푹 빠져 있었다. 여행을 갈 때도 카드를 들고 가서는 한밤중에 열을 올렸다. 그러다 고베의 유서 깊은 호텔 관리인에게 좀 조용히 해달라고 언질을 들었을 정도다. 돌이켜 생각해보면, 모두의 손이 파랗게 물든 염색 가게 가족, 하나같이 투실투실 살찐 푸줏간 가족 등 기괴하게 과장되었다는 공통점을 지닌 가족들의 카드를 "페인트 가게 아들을 주세요"라느니 "잡화점 딸을 주세요" 하면서 주고받는 우리 가족도 상당히 기괴하다. 더구나 그 일이 여름방학 때 가족끼리 떠난 여행에서의, 흔하디흔한 추억의 한 장면이라니 가족이란 참 기묘한 것이라고 생각한다.

식인보다 무서운 것

 4년 반쯤 전에 어린이 책만 취급하는 서점에서 아르바이트를 했다. 나는 늘 모차르트 음악이 흐르는 그 아담하고 푸근한 가게에서, 교육열에 불타는 엄마와, 아이들이 책을 가까이하기를 바라는 선생님들을 꽤 많이 보았다. 그들은 진지한 표정으로 아주 열심히 책을 보고 또 골랐다. 그러다 그 도가 지나쳐 정말 어리석은 말도 했다.
 "주인공이 친구랑 싸우는 장면이 있는데, 이런 책은 아이들을 난폭하게 만들지."
 "염소가 트롤의 눈알을 꼬챙이에 꿰어 골짜기에 내던지네. 너무 잔인하다."
 그리고 그에 이어지는 말은, 아이들에게 어울리지 않는다, 아이들에게 읽히고 싶지 않다, 아이들에게는……, 이었다(물의를 빚었던 『꼬마 깜둥이 삼보』 문제만 해도 그런데, 뚱딴지같은 갑론을박 속에서 피해를 보는 것은 왜 그런지 늘 어린이 책이다).『그림 동화 ― 아이들에게 들려줘도 좋은가?』노무라 히로시 지음는 그런 사람들에게 꼭 선물해주고 싶은 책이다.

그림 동화는 잔인하다, 그림 동화는 봉건적이다, 그림 동화는 나치스와 통한다, 그림 동화는 비과학적이다, 이 네 가지 소제목을 꼼꼼하고도 적절하고 날카롭게 반격하고 있다. 블라디미르 프로프나 막스 뤼티는 옛이야기를 어떻게 분류하고 분석했는지, 프로이트와 융을 비롯한 심리학자들이 말하는 '무의식'과의 연계성 등, 내용은 전문적이지만 이해하기는 쉽다. 옛이야기의 실례와 역대 삽화, 자폐증 아이를 치료하는 의사의 증언 등을 섞어가면서 '미성숙에서 성숙으로 발전하는 단계의 어떤 부분을 비쳐주는 마법의 거울'로서 작용하는 옛이야기의 모습을 부각시켜간다. 다양한 각도에서 고찰하여, 논지를 '구비 문학의 종합성'으로 끌어올리는 솜씨가 정말 산뜻하고 대단하다.

그건 그렇고, 아이들에게 좋은지 나쁜지 야단을 떨기 전에, 자기가 먼저 읽어보면 좋을 텐데, 하고 생각한다. 실제로 그림 동화는 가슴이 두근거릴 만큼 재미있다. 자유롭고 강인하고 가죽 피리 소리가 마음을 울리는 「고슴도치 한스」이야기도 그렇고, 무책임한 데다 성인聖人이 하는 말을 귀담아듣지 않았는데도 좋은 일만 생겼고 죽어서는 천국에까지 가는 남자 이야기도 그렇고, 한 번 읽으면 틀림없이 매력을 느끼게 된다. 간결한 문장이 구축하는 풍요로운 세계, 그 아름답고 신비로운 이미지. 정말 제 눈으로 그 세계를 읽어봐야 한다.

책을 마무리하면서 노무라 씨는 이렇게 말한다.

> 아버지 또는 어머니―혹은 부모를 대신하는 분이 아이들에게 직접 읽어준다면, 어떤 이야기도 아이들에게 해를 끼치지 않습니다. 어른이 유념해야 할 것은 부모된 마음으로 아이들에게 얘기해주는 사람이 적다는 것이지 잔인한 표현 그 자체가 아닙니다.

마녀니 식인食人이니 하는 것보다, 이렇게 당연한 것을 대학 교수가 토로하지 않으면 안 되는 세상이 나는 훨씬 더 무섭다.

여분을 위한 거리

긴자의 와코 백화점 앞에서 자주 사람을 만난다. 이곳에서 바라보는 긴자 거리가 좋아서, 대개 약속 시간보다 조금 일찍 도착해 거대한 쇼윈도 앞에 멍하니 서 있는다. 멍하니 서서, 네거리를 건너가는 수많은 사람들의 얼굴과 천천히 저물어가는 하늘과 네온사인의 신비로운 조화를 바라보다 보면, 나는 언제나 행복해진다.

그러나 와코 앞에서 만나자고 하면, 때로 투덜거리는 소리를 듣는다. 춥든 덥든, 비가 오든 화창하든, 기다리든 기다리게 하든, 실외에서 만나려면 불편함이 따르기 때문이다. 나로서도 긴자가 아니라 다른 거리, 신주쿠나 시부야, 아오야마나 롯폰기 같은 곳이라면 비바람을 맞아야 하는 밖에서 사람을 만나자고 하는 이상한 짓은 하지 않는다. 내게 긴자는 실질적이지 않은 일을 하기 위한 거리다.

그런지라 일 때문에는 가지 않는다. 좋아하는 사람과 가고 싶고, 여분의 일을 위해서만 가고 싶다. 여분의 일이란, 가령 오후에 마시는 차 한 잔. 디저트 전문점 부도노키의 화려하고 아름다운 케이크나 시세이도 팔러의 소다수, 센비키야의 복숭아 파르페, 모두 실질적이지 않다. 나는 실질적이지 않은 것의 호사스러움을 좋아하고, 또 그래야 긴자라는 거리에 어울린다고 생각한다. 다만 기무라야의 내 사랑 단팥빵만큼은 실질적이면서도 호사스러운, 행복한 예외라 할 수 있겠다.

쇼핑도 그렇다. 옷이나 식료품, 화장품류는 신주쿠 언저리에서 해결한다. 하지만 당장 필요하지 않은 여분의 것들은 긴자에서 산다. 야마노 악기점에서는 CD, 소니 플라자에서는 초콜릿이나 비스킷, 프랭탕에서는 수입 잡화, 규쿄도에서는 색종이, 구로사와에서는 편지지 세트.

언젠가는 이토야에서 스물네 가지 회색이 든 크레파스를 산 적이 있다. 같은 회색인데, 색감이 서로 달랐다. '감옥에 사는 열네 마리 생쥐, 비 내리는 파리의 아침에 죽다', 그런 제목의 그림을 그릴 수 있겠다 싶어 충동적으로 샀는데, 그런 것이야말로 여분의 대표 격이라고 생각한다. 회색으로만 스물네 가지나 되는 크레파스라니, 전문가가 아니면 제대로 써먹을 수가 없다. 그런데도 나는 이 크레파스가 아주 마음에 들어서, 지금도 간혹 스물네 명의 굴뚝 청소부나 스물네 개의 돌을 남몰

래 그리고 있다.

 이토야도 그렇지만, 긴자에는 한 번 발을 들여놓았다 하면 나올 수가 없는 미궁 같은 가게도 있다. 예를 들면 이에나 서점. 아름다운 화집과 사진집, 무수히 진열되어 있는 페이퍼북에서 패션 잡지까지, 아무리 오래 봐도 질리지 않는다. 나는 여기서도 그만 프랑스 그림책, 이탈리아 잡지 등, 읽지도 못할 여분의 책들을 사고 만다.

 이렇게 여분의 것들을 좋아하는 취향과 긴자와의 관계를 생각할 때 가장 먼저 떠오르는 것이 '긴슬렁'이라는 말이다. 이 말을 처음 가르쳐준 사람은 엄마다. 나는 이렇다 할 목적 없이 긴자 거리를 슬렁슬렁 걸어 다닌다는 뜻을 지닌 그 말의 어른스러운 여유로움에 가슴 설렜다.

 그 무렵, 엄마와 긴자에 갔다가 점심때가 되면 늘 들르는 가게가 있었다. 가게 이름도, 어디에 있었는지도 잊었지만, 어느 빌딩 안이었고, 어수선한 분위기는 아니지만 그렇다고 그리 고급스러운 느낌도 아닌 정식집이었다. 우리는 언제나 '지요다 도시락'이라는 메뉴를 주문했다. 서랍처럼 생긴 도시락 칸칸에 색감 곱게 익힌 채소와 달달하게 조린 생선이 아기자기하고 귀엽게 담겨 있었다.

 아빠는 기본적으로 나다니는 것을 싫어하는 성격이라서, 어쩌다 가족끼리 외출을 할라치면 춥다느니 덥다느니 피곤하다느니 허리가 아프다느니 하면서 이내 언짢아하곤 했다. 그래서 '긴슬렁'은 오로지 엄마와만 함께 할 수 있는 즐거움이었다. 그렇다고 오로지 그것만을 위해 외출하는 것은 아니라서 무슨 일이 있어 나간 김에 누리는 정도였고, 그것도 저녁 준비를 해야 하는 시간까지는 돌아간다는 신데렐라 같은 약속이 따랐다. 그래도 '잠시 긴슬렁하다 갈까'는 그 무렵의 내게 여자끼리만 즐길 수 있는 여분의 사소한 사치였다.

긴자에는 여자들끼리 가는 게 가장 편하다. '일 때문이 아니라 좋아하는 사람과 가고 싶다'라고 썼는데 좋아하는 사람이 남자가 아니라 여자일 때가 가장 좋다. 아마 남녀 간에는 다소나마 계산이랄까 줄다리기 같은 아주 실질적인 냄새를 풍기는 것이 있어 그러지 않나 싶다.

내가 긴자를 좋아하는 까닭은 긴자가 걸을 수 있는 거리이기 때문이다. 걸을 수 있는 거리는 이런 것이다.

1, 도로가 복잡하게 얽혀 있다.

2, 뒷골목에 흥미로운 가게가 있다.

3, 교통망이 잘 발달되어 있다.

내게 3은 특히 중요하다. 전철 노선이 여러 개 교차하기 때문에 어디를 어떻게 걷다가도 어떤 노선이든 타고 집에 돌아갈 수 있다. 길을 잃어도 무섭지 않다. 공원이나 영화관이 있어서 시간을 죽이기 쉽다는 것도 걸을 수 있는 거리의 한 요소인데, 그러고 보니 영화도 여분의 것들 중 하나다.

긴자는 영화관이 많은 거리다. 히비야와 유라쿠초까지 포함해서 한 집 걸러 하나일 만큼 많이 있다. 마리온 1700엔, 샹테 시네 1600엔 등 요즘 들어 관람료가 좀 비싸졌지만, 그래도 오기쿠보나 다카다노바바가 아니라 긴자에서 본다는 데 일종의 묘미가 있다. 긴자를 좋아하는 인간은 이러나저러나 상관없는 그런 것들을 좋아하는 인간이리라 생각한다.

어렸을 때부터 별거 아닌 일들에 정열적이었던 나는 가족끼리 긴자에 갔다가 어디서 밥이나 먹을까 하는 단계가 되면, 아빠 엄마를 억지로 후지야에 끌고 갔다. 목적은 오직 하나, 페코짱 선디. 아이스크림 위에 뭐가 오밀조밀 얹혀 있는 그 커다란 디저트는 어린 마음에도 너무 달겠다고 생각했지만, 나는 오로지 꼭대기에 꽂혀 있는 초콜릿(페코 짱의 얼굴 모양이었다)이 갖고 싶었다. 내가 긴자를 좋아하는 이유는 요컨대 그런 것들 때문이다.

아기 사슴 '밤비'

 어른스러운 책을 좋아한다. 취향이나 기호는 여러 가지로 변했지만, 그것만큼은 어렸을 때부터 변하지 않았다. 나는 예나 지금이나 어른스러운 책을 좋아한다.

 어른스럽다는 것은 이런 뜻이다. 등뼈를 반듯하게 세우고 있는 것, 어리광을 피우거나 아부하지 않는 것. 다른 말로는 마이페이스라고 해도 좋다. 따라서 어른스러운 책은 첫 페이지를 살짝 넘기기만 해도, 그 속에 그 책 특유의 시간이 흐른다. 책꽂이에 꽂혀만 있어도 넉넉한 안도감이 느껴진다.

 『밤비』는 서점에서 아동 도서라 분류되는 책 가운데, 내가 생각하는 한 가장 어른스러운 책이다. 의외라고 생각하는 사람이 있다면, 그것은 아마도 디즈니 만화 영화의 달달한 인상이 강하기 때문일 것이다. 나 자신도 디즈니의 밤비 그림에 완전히 길들여 있었기 때문에(그림책과 만화 영화를 본 것은 물론, 디즈니의 밤비 그림이 그려진 장난감 식기 세트까지 갖고 있었다. 접시와 주전자 등에 다리가 가느다란 귀여운 밤비—꼬리 위에는 나비—가 깡충깡충 뛰어다녔다), 진짜 『밤비』를 처음 읽었을 때는 무척이나 놀랐다. 나 개인적으로는 월트 디즈니를 꽤 좋아한다. 다만 디즈니의 밤비와 잘텐의 밤비가 거의, 아니 전혀 별개의 작품이라는 것은 인정해야 하고, 원작의 이미지를 왜곡했다는 점에서 디즈니란 사람은 몹시 죄가 많다고 해야 할 것이다.

'숲의 생활 이야기'라는 부제가 암시하듯 『밤비』는 아기 사슴의 성장 이야기인 동시에, 아니 그 전에 야생에 사는 동물들의 삶과 죽음과 일상의 이야기다. 잘텐은 각 동물들을 알기 쉬운 언어로 담담하게 묘사하지만, 그 관찰력은 빈틈이 없다. 가령 다람쥐는 이렇게 표현된다.

> 다람쥐는 아주 공손하고 인상도 좋고, 얘기를 좋아했습니다. 밤비는 다람쥐가 멋들어지게 체조를 하고, 나무에 기어오르고, 깡충깡충 뛰어다니고, 몸의 균형을 잘 잡는 것을 보고서 재미있어했습니다. 그러자 다람쥐는 얘기를 나누는 도중에도, 매끄러운 나뭇가지를 별일 아니라는 듯이 뛰어올랐다가 내려오곤 했습니다. 또 흔들리는 나뭇가지에 반듯하게 걸터앉아 복슬복슬한 꼬리를 우아하게 곧추세우고는 거기에 편히 기대어 하얀 가슴을 드러내 보여주거나 조그만 앞발을

앙증맞게 움직이고, 조그만 머리를 갸웃갸웃 돌리기도 하고 맑은 눈으로 웃기도 하면서 우스꽝스러운 행동을 보여주고 재미나는 얘기를 했습니다.

 이렇게 현실감이 넘치는 것은 물론, 그들이 나누는 일상적인 얘기 하나하나에도 동물들의 사회적 위치랄까 서로 다른 종족 간의 역학 관계와 처세술 등이 묻어난다. 이런 점은 담비가 다람쥐를 깨물어 죽이는 장면, 아름답고 강해서 인기 있던 꿩이 여우에게 잡아먹히는 장면, 무시무시한 소쩍새가 생쥐를 갈가리 찢어 먹는 장면 등의 처절함에서도 알 수 있는데, 그런 묘사들이 조금도 감상적이지 않아 나는 오히려 기쁘다.
 '밤비의 성장 이야기'라는 면에서도 똑같이 말할 수 있다. 잘텐은 뿔이 돋아 자랑스러운 기분에 대해서만 쓰지 않는다. 뿔이 돋으면 자랑스럽기도 하지만 한편, 다른 수사슴에게 따돌림을 당하는 시련도 겪어야 하고, 암컷의 냄새에 흥분하기도 해야 한다.
 그리고 또 "넌 알고 있을 거야! 난 알아. 분명하게 느낄 수 있어. 내가 널 좋아한다는 것을. 미칠 정도로 좋아해, 펠린. 그러니까 다음에는 꼭 말해줘, 네가 나를 좋아하는지 아닌지……"라고까지 말하면서 정열적으로 구애를 하더니 정작 사랑을 이

루고 나자 그것만으로는 충분히 만족할 수 없어한다. 펠린이 "왜 이제 내 옆에 있어주지 않는 거니?" 하고 물었을 때, 밤비는 "나는 혼자 있어야만 해"라고 미련 없이 대답한다. '꽤나 위로하듯이 말했다고 생각하지만 그 목소리는 밤비 자신에게도 냉담하게 들렸습니다.' 그러고는 끝내(실은 이 책 속에서 내가 특히 좋아하는 장면의 하나이지만) 펠린은 밤비를 똑바로 쳐다보면서 낮은 목소리로 묻는다. "너, 아직 나를 사랑하니?" 밤비는 역시 낮은 목소리로 이렇게 대답한다. "잘 모르겠어."

이런 대화를 담담하게 이끌어가는 잘텐의 방식에 나는 그저 어질어질하다. (밤비와 펠린의 이 대화 전에도, 그들 부모의 모습을 통해서 잘텐은 야생 사슴의 짝짓기를 단순하면서도 냉철하게 묘사하고 있는데, 그중에 '아빠들'이란 말이 종종 등장한다. 아빠들! 엄마와 함께 사는 아기 사슴들은 모두 멀리서 수사슴 떼를 바라보면서 그들 전부를 "아빠들!"이라고 하며 사랑하고 존경하는 한편 두려워하기도 한다. 이때 어느 수사슴이 진짜 아빠인지는 전혀 문제시되지 않는다.)

역자 후기에, 잘텐은 부다페스트에서 태어난 시인으로 『밤비』 외에도 동물 이야기를 몇 가지 썼다고 명시되어 있다. 나는 『밤비』밖에 읽지 못했지만 그 한 권으로도 잘텐이 시인이라는 사실에 충분히 수긍이 갔다. 태어나 처음 만지는 풀과 눈에 대한 문장, '알 수 없는 어두운 힘'을 다룬 묘사 등, 온갖 곳에 아로새겨져 있는 시의 힘, 시의 요소야말로 이 책의 가장 큰 매력이기 때문이다.

'밤비는 구멍에서 나왔습니다. 산다는 것은 아름다운 일이었습니다.'

이 책에는 이런 유의 압도적인 한 마디 한 마디가 듬뿍, 별거 아니라는 듯이 담겨 있다.

안달루시아를 품다

 돌벽에 기대어 바깥쪽을 바라보니, 낮고 무겁게 구름 낀 하늘 아래로 죽 이어져 있는 메마른 적갈색 지붕들이 시야에 들어온다. 알람브라 궁전에서 바라다보이는 그라나다 거리. 옆에서 셔터를 누르는 소리가 들린다. 사진에 익숙지 않은 나의 시선이 엉겁결에 허공을 더듬는다. 적갈색 지붕 하나에 빨래가 널려 있다.

 먼 옛날, 왕은 이 궁전에 네 명의 정실과 300명의 애첩, 그리고 서른다섯 명의 보이 프렌드를 거느리고 살았다고 한다. 이렇게 아름다운 장소에는 소용돌이치는 음모도 복잡하게 뒤얽힌 애증도 잘 어울린다. 정말 느낌이 좋은 궁전이다. 풍성한 나무 한 그루 한 그루, 천장에 새겨진 조각 하나하나, 호사스럽게 흐르는 물의 소리 하나하나(물은 네바다 산맥에서 끌어온다고 한다. 사막에 사는 민족이었던 이슬람교도들의 귀에 그 시원한 물소리가 얼마나 상쾌하게 들렸을까)가 묵묵히 중세의 향을 품고 있다. 사람을 끌어들이는 힘이 있다.

애당초 명소와 유적에 관심이 많지 않은 성격인데도, 이번 여행 중에는 몇 번이나 알람브라를 찾았다. 그럴 때마다 성은 조금씩 요염한 얼굴을 보여주었고, 나의 시간 감각은 뒤죽박죽이 되고 말았다.

예를 들어 화창한 한낮, 이곳은 몹시 한가롭다. '여름의 별궁' 정원에는 겨울에도 꽃이 흐드러지게 피고, 온갖 색채가 넘친다. 고요하고, 하늘이 파랗고, 왠지 멍해진다. 너무 완벽한 풍경이다, 그렇게 생각한다. 이런 때, 민망해지는 것은 왜일까. 눈이 부시고, 어디를 보면 좋을지 모르겠는데, 불쑥 로르카의 시가 떠오른다.

> 오렌지 나무 그늘에서
>
> 무명 배내옷을 빠는 로라
>
> 그녀의 눈은 초록색
>
> 목소리는 제비꽃색
>
> 아아, 사랑이여
>
> 꽃 피는 오렌지 나무 그늘!

밤의 알람브라는 낮보다 공기가 훨씬 짙다. 조명을 받은 궁전이 어쩐지 씩 웃으며 이리 오라고 친근하게 손짓하는 것처럼 보였다. 안으로 들어섰더니, 14세기로 돌아간 게 아닐까 싶은 착각이 든다. 하나의 공간에 여러 층의 시간이 중첩되어 흐르는 느낌. 기둥 뒤에 사람이 있는 것만 같아, 나는 어둠 속에서 몇 번이나 눈을 찡그렸다. 아무튼, 여기에는 기둥이 너무 많다. 애첩을 300명이나 거느리자니, 기둥도 이 정도는 필요했을지 모르겠다. 줄지어 서 있는 기둥 뒤에서 어떤 멜로드라마가 펼쳐졌을지.

그건 그렇고, 여기는 마치 마법의 성 같다. 온갖 기교와 장치가 응집되어 있다. '린다라하(여왕의 눈동자)'라는 이름의 아름다운 창이 어이없을 만큼 낮은 위치에 있는 것은 비스듬히 누운 채 경치를 바라볼 수 있도록 하기 위해서이고, 사우나실의 천장에 빨간 유리가 박혀 있는 것은 뜨거운 이미지를 연출하고 강조하기 위해서다.

한쪽 벽을 향해 뭐라고 속삭이면 그 반대쪽 벽에서 목소리가 들린다는 '비밀의 방'에 이르러서는 그 신기함에 숨을 삼키고 말았다. '비밀의 방'은 사방이 돌로 된 홀인데, 벽에 귀를 대면 정말 벽 속에서 누가 귓속말을 하고 있는 것 같다. 이 방에서 과연 얼마나 많은 비밀이 속삭여졌을지, 그리고 이 싸늘하고 눅눅한 돌벽은 어떤 비밀을 들었을지.

또 셔터 소리가 들려 나는 빨래에서 눈길을 돌린다. 저녁 하늘이 금방이라도 비를 뿌릴 것 같다. 참 재미있는 곳입니다. 잠시 살고 싶어지네요. 호텔로 돌아가면 그런 엽서를 쓰리라고 생각했다.

나는 애첩이 된 자신을 상상해본다. 명랑한 애첩이다. 기둥 뒤에 숨어 엉엉 울지는 않으리라. 그렇게 생각하는 순간, 아까부터 여러 가지 설명을 해주던 가이드가 말했다(일본말을 잘하는 남자였다).

"그런데 애첩은 나이 제한이 있었습니다. 열일곱 살까지였다고 하는군요."

……. 나는 어색하게 침묵하고서 적갈색 지붕으로 시선을 돌린다.

*

마리키자 씨의 플라멩코 교실은 언덕길을 끝까지 올라가면 왼쪽에 있다. 좁은 골목길이 이리저리 갈라진, 분위기 있는 장소다.

'플라멩코를 배운다'는 이번 여행 출발 전부터 나를 주눅 들게 한 프로그램이다. 운동회 때 하는 포크 댄스조차 싫었던 내

가 대체 무슨 죄로 플라멩코를. 축 늘어진 소박한 커튼으로 가려진 어둡고 좁은 여자 탈의실에 망연히 선 채, 나는 어쩔 줄을 몰랐다.

탈의실에 학생들이 잇달아 들어온다. 어린아이들은 모두 엄마들이 옷을 갈아입혀 주는데, 레오타드를 입기 싫다고 칭얼거리는 아이를 엄마가 달래고 어르면서 갈아입히고 있다.

동병상련이라고, 나는 그 아이에게 엄청난 연민을 느꼈다. 사실은 나도 이렇게 새빨갛고 하늘하늘한 레오타드, 부끄러워서 싫거든. 마음속으로 그 아이에게 말한다. 눈길이 마주치자, 다섯 살쯤 된 그 통통한 아이가 방긋 웃었다. 아, 그렇구나. 오래도록 잊고 있었는데, 이 심리는 뭔가를 배우러 학원에 다닐 때 아이들이 보이는 특유의 불안함이다. 벽에 난 생채기와 교실 한구석에 나란히 놓인 조그만 의자를 빤히 쳐다보았던 것도 이런 심리였다고 해석하면 납득이 간다.

앞쪽에 대형 거울이 설치되어 있는 넓은 마루방에서 레슨이 시작되었다. 오후 7시. 마리키자 씨가 들어와 뭐라 말하고는 손뼉을 치자, 지금까지 어수선했던 분위기가 갑자기 하나로 좍 응축되면서 모두들 스텝 연습에 들어갔다.

굽에 징이 수도 없이 박혀 있어 화들짝 놀랄 만큼 큰 소리가 난다. 다다닷다 다다닷다. 나만 남기고, 모두들 앞으로 뒤로 발

맞춰 움직인다. 치맛자락을 들어 올려 휙 돌아보고, 다시 정면을 향한다. 표정들이 진짜 진지하다.

이런 긴장감은 전염되는 듯하다. 어깨 너머로 보고 흉내 내면서 나도 스텝을 밟아보았다. 줄의 앞쪽으로 끼어 들어가, 잘하는 사람들 옆에 서서.

모두 거울에 비친 자신의 모습을 응시하고 있다. 움찔 놀랐다. 아름다움을 확인하는 거구나, 하고 생각했다. 자세와 동작 하나하나가 얼마나 아름답고 정확한지 모두들 똑바로 쳐다보고 있다. 남자도 어린아이들도.

그때, 아까 그 여자아이를 보고는 또 한 번 놀랐다. 춤추는 표정이 얼마나 요염한지. 턱을 바짝 치켜들고 가슴을 쫙 펴고, 도전적인 눈길과 동작으로. 우와 대단하다, 대단해. 나는 흥분했다.

한 사람 한 사람이 다 그렇다. 손과 발의 움직임, 힘찬 허리. 그리고 물러서지 않고 외면하지 않고 자신과 대치하는 자세. 다다닷다, 다다닷다. 나도 이제는 정신없이 스텝을 밟는다. 내가 생각해도 허접스러운 발동작, 턴을 할 때는 허둥지둥 두 스텝이나 박자를 놓쳐가면서.

레슨이 끝나자 한동안 머리가 띵했다. 춤이라고 해야 고작 기본 스텝을 흉내 내었을 뿐인데 두 볼은 화끈거리고 온몸은

땀에 푹 젖었다. 손발은 벌써부터 근육통을 호소한다.

멍한 채로 복도에 나오자, 아까 그 여자아이가 수줍은 표정으로 다가와 내 레오타드의 새빨간 레이스를 잡더니, 뭐라뭐라 린다, 하고 말했다. 뭐라는지 조금도 모르겠는데, 간신히 주위들을 말이 '린다'뿐이라서, "린다?" 하고 되물었더니, 기쁜 듯이 "시si"라고 대답한다. 그때, '린다'가 '귀엽다'는 뜻이라는 걸 알았더라면 나는 그녀의 머리칼을 마구마구 쓰다듬었을지도 모르겠다.

*

나는 여자를 좋아한다. 결혼한 여자는 특히 좋아한다. 불가사의한 파워가 있다(미국 소설에서는 이 파워가 슬며시 애수를 자극하는 방식으로 그려지기도 한다). 불가사의한 파워가 3인분쯤 모이면 그야말로 엄청나다.

나는 이날, 로페스 씨의 집을 찾아갔다. 가스파초 만드는 법을 레스토랑의 셰프가 아니라 평범한 주부에게 배우고 싶어서였다.

로페스 씨는 주부 연합회의 회장. 살짝 무서운 느낌. 일을 척척 처리한다. 조금 나이 있어 보이는 페르난데스 씨는 사무국

장, 초록색 옷을 입은 부인은 디아스 씨. 세 사람이 제각각 멋대로(게다가 한꺼번에) 말하는 통에 부엌 분위기가 순식간에 혼란스러워진다.

가스파초를 만드는 법은 가정마다 조금씩 달라 세 사람의 의견이 자주 대립되는데, 그럴 때마다 아무도 양보하지 않는다. 끝내 페르난데스 씨가 "나중에 훨씬 더 맛있는 레시피를 가르쳐줄게요" 하고 넌지시 말했다(나중에 알았는데, 그녀는 오이를 싫어해서 훨씬 더 맛있는 레시피는 그저 오이를 뺀 레시피였다).

디아스 씨는 아주 활달해서, 주변에 있는 물건을 닥치는 대로 가리키면서 "이건 아스카르(설탕)예요. 아, 스, 카, 르" 하는 식으로 스페인 어를 가르쳐주었다. "이건 살(소금), 이건 페피노(오이). 따라 해봐요." 배운 말 중에서 나는 '운초리토(조금)'라는 말이 가장 재미나서, 노래하듯 리듬을 붙여 몇 번이나 말했다. 디아스 씨는, 맞다 잘한다는 의미로 고개를 끄덕인다.

그러는 동안, 요리가 점차 완성되었다. 과연 손이 빠르다. 모두들 요리를 하면서 와인을 마시고 생햄을 집어 먹는다. 생햄은 여기저기서 먹어보았지만, 여기 것이 가장 맛있었다. 부드럽고, 소금 맛이 그리 강하지 않다. 얇게 썰지 않고, 조그만 주사위 모양으로 썬 것도 좋았다.

도중에 빵 가게 아저씨가 갓 구운 바게트를 세 개 배달해주었다. 주문해두면 날마다 같은 시간에 배달해준다고 한다. 받자마자 쓱쓱 잘라서(자르자 안에서 김이 모락모락 올랐다), 생햄과 함께 먹는다.

내게 채소를 썰라며 칼을 건네주는데, 도마가 없어 머뭇거리고 있자 세 부인은 그냥 썰라고 한다. 스페인 사람들은 도마를 별로 사용하지 않는 듯하다. 왼손으로 채소를 꽉 잡고서 그대로 허공에서 썬다. 썬다기보다 깎아내는 식이다. 야영할 때 음식 만드는 것처럼. 널찍한 부엌은 깨끗하고 창문으로는 햇살이 비쳐, 오늘 아침에 비가 내렸다는 게 거짓말 같다.

테이블에 요리가 하나둘 놓인다. 의자에 앉아 나는 무척 행복한 기분이 들었다. 타인의 집 부엌에서 밥을 먹는 건 언제나 즐겁다.

가스파초는 신선한 맛이 났다. 레스토랑에서 먹는 것과는 천지 차이다. 얼음 조각이 들어 있어서 정신이 반짝 나게 차갑다. 여름에 먹으면 기운이 펄펄 날 듯한 맛이다. 페르난데스 씨에게는 미안하지만, 오이 맛이 정말 좋았다.

*

안달루시아 음식은 무겁다. 기름과 소금과 마늘의 삼위일체, 긴장하고 마주해야 한다. 스페인 사람들은 식사를 무척 중요시하는데(점심시간이 무려 세 시간이나 되고, 제대로 먹자면 하루에 다섯 끼를 먹는다니 놀라울 따름이다), 정열적인 그들에 어울리게 음식도 정열적이다. 단것은 진짜 달고, 매운 것은 진짜 맵다.

우선 커피가 맛있었다(진하면서도 향긋한 에스프레소). 그리고 '피노'라는 독한 셰리주와 '파차란'이라는 약간 달짝지근한 술. 그리고 쟁반처럼 커다란 접시에 수북하게 담겨 나온 정어리 프리토(갓 튀겨내 뜨겁다). 살집이 두둑한 피망은 껍질을 벗겨 굽기만 한 것도 맛있고, 토마토를 섞어 수프로 만든 것도 '무이 비엔(아주 좋다)'이었다.

디저트의 종류도 풍부하다. 과자를 좋아하는 나는 하나하나 다 맛을 보았는데, '라스 리나하스'라는 레스토랑에서 먹은 딱딱한 푸딩(사과가 들어 있다)이 가장 맛있었다. 약간 누른 캐러멜에서 씁쓸한 맛이 났고, 전체적으로 달지 않아(스페인에서는 거의 기적에 가깝도록) 일품이었다.

깜짝 놀란 디저트는 그 유명한 '토시니조 데 시엘로'라는 과자다. 짙은 노란색에 형상은 한천과 바바루아의 중간 같고, 달걀노른자 맛이 나는데 기절할 정도로 달다. 거의 살인적. '토시

니조 데 시엘로'의 뜻이 '천국의 지방'(!)이라는 건 훨씬 나중에 알았다.

Ⅲ 진하고 달콤한 아이스크림 같은

가모이 씨는 인생이란 아이스크림 같다고 말한다. "인생의 여름날, 달달했던 그 아이스크림. 끝내는 시간과 햇빛에 녹아 없어져버리지만, 절대 남김없이 사라지지는 않는다. 이 몸 온갖 곳에, 그 끈끈하고 달달한 감촉이 남아 있다"라고.

독서 일기

○월 ○일

야마다 에이미 씨의 『트래시Trash』를 읽는다. 나는 이 사람이 쓴 글을 정말 좋아한다. 주인공이 가련하리만큼 성실하게, 전적으로 홀로 서 있다. 내가 늘 감동하는 것은 야마다 에이미 씨의 소설이 어른을 위한, 그것도 몸 어딘가에 아직도 여전히 불안정한 어린애의 모습이 남아 있는 어른(그렇지 않은 어른이 실제로 있을지는 의문이지만)을 위한 소설이기 때문이라고 생각한다. 어린애보다 어른이 친절하고, 훨씬 더 선량하며 마음도 약하다는 것을, 야마다 씨는 알고 있다. 그래서 더욱이 어른은 연애를 하고 친구를 필요로 하는 것이다. 이는 무척이나 고독한 사실이지만, 동시에 한없이 감미롭고 또 인생에서 가장 멋진 일이라고 생각한다.

『트래시』의 스토리는 한 연애의 끝과 또 다른 연애의 시작을 둘러싼 사람들 마음의 이야기로 요약할 수 있다.

주인공을 비롯한 등장인물들이 읽는 이와 똑같은 거리에 있다는 점에는 혀를 내두르게 된다. 이는 물론 존재감 따위의 진부하고 명료하지 않은 매력을 말하는 것이 아니다. 훨씬 자연스럽고 생기 있는 실물 크기의 매력이다.

한 사람 한 사람 마음의 사소한 움직임, 호흡과 한숨, 아주 미묘한 기척의 하나하나, 아마도 본인조차 의식하지 못했을 감정의 잔물결과 사람과 사람이 만날 때 생겨나는 온갖 심리의 디테일, 그런 가늘디가는 실을 끌어모아 이렇듯 꼼꼼하게 천을 짜는 일은 이 사람만이 가능하다고 생각한다.

400자 원고지 900매라는 원고량도 그렇지만, 책의 모습에도 놀랐다. 자그마하고 깜찍한 책들이 넘쳐나는 요즘, 이 묵직한 판형하며 표지의 감촉하며, 야마다 씨라는 사람은 정말 쿨한 사람이다.

○월 ○일

『개구리들이 죽던 여름 On the Tail of the Dog Star』을 읽는다.

유난히 귀여운 표지와, 띠지에 적힌 '소녀들의 시간은, 지금 끝났다'라는 문구가 마음에 걸려, 살 때 몹시 망설였던 책이다. 별거 없을지도 모른다고 생각하면서 산 책이 정말 별거 아니면, 자업자득이라 기분이 몹시 우울해진다. 그런데 이 책처럼 그 반대이면 단박에 신이 난다. 거 봐, 역시. 띠지 때문에 망설였는데 사길 잘했지. 참 타산적이다.

  이 책에는 일곱 편의 단편이 실려 있는데, 두 편이 아주 좋았다. 「엄마의 친구」와 「어두운 밤의 섬에서」다.

  「엄마의 친구」는 여자끼리의 우정과 가족을 테마로 한 소설이다. 이렇게 쓰면 다들 아하, 하고 생각할 것이다. 아하, 창작과 출신, 현대 미국의 젊은 여성 작가들이 주로 쓰는 내용, 이라 여겨지는 것은 어쩔 수 없다 해도, 데브라 스파크의 상쾌하리만큼 건조한 시점과 탁월한 인물 묘사, 그리고 곳곳에 뭉근하게 배어 있는 해학을 읽지 않고서 아는 척하는 것은 아까운 일이라고 생각한다.

> 모두들 우리 엄마를 좋아했다. 당시 엄마는 스키피라고 불렸다. (중략) 엄마 친구는 셋 다 지금 없다. 이사 간 친구, 죽은 친구, 미쳐버린 친구. 하지만 케이틀린과 내가 엄마에게 딱 달라붙어 살던 어린 시절, 엄마의 친구들은 같은 이 별에서 같은 시대를 살면서도, 절대 갈 수 없는 신기한 나라에 사는 사람들처럼 보였다.

  이런 서두만으로도 읽는 이를 끌어들이는 실력과 소설이다.

「어두운 밤의 섬에서」가 또 좋다. 이 단편은 하룻밤 사이에 두 번을 읽었다. 스페인의 식민지인 음산한 섬에 살면서 관공서에 다니는 남자와 그 아내 이야기. 이 책을 산 독자 중에, 이런 소설을 기대한 이가 있을까. 나른하고 무덥고 숨이 막힐 듯한 섬과 사람들의 삶과 죽음, 권태로운 일상. 인간과 문명과 번뇌, 그런 것들이 가공되지 않은 채 그대로 내던져져 있다.

조사관이라는 인물도 흥미롭다. 헤어짐에 관한 그의 대사를 읽고는 감정이 너무 흔들리고 말았다.

> 무엇과의 헤어짐을—뭐, 스페인과의 헤어짐이라고 해도 상관없겠지—두려워하는 것은, 그건 당신이 인생은 다른 장소에 있다고 생각하기 때문이야. 내 말은, 인생이 당신과 함께 있는 것이 아니라 다른 곳에 있다고 생각하면 안 된다는 거야. 무슨 뜻인지, 알겠어? 그리고 인생이 당신과 함께 있다고 믿을 수 있다면, 그걸 안다면, 헤어짐은 아무 문제가 안 돼. 아무 희생 없이 모든 것과 헤어질 수 있지.

○월 ○일

작년에 팀 오브라이언의 『그들이 가지고 다닌 것들 The Things They Carried』을 읽은 후로 반년 넘게 시달렸던 콤플렉스에 구세주가 나타났다. 메리 웨슬리의 『마지막 날의 시작 Jumping the Queue』
이 바로 그 작품이다.

글 쓰는 다른 사람들이 이런 경우에 어떻게 대처하는지 몹시 궁금한데, 나는 압도적으로 재미있고 질도 좋은 데다 완성도도 높고, 게다가 신선한 소설을 만나면 당황스럽다. 아, 소설이란 이런 것이로구나, 하고 수긍하고 나면 소설 쓸 용기를 잃고 만다. 태생이 낙천적인 성격이라서 그런 일이 흔하지는 않지만, 그럼에도 간혹(가령 가나이 미에코 씨나 비어트릭스 포터를 읽었을 때) 그런 기분이 덮치곤 한다. 이번에는 팀 오브라이언이었다. 소설이란 이렇게 입체적으로 구축되어야 하는 것, 이라는 현기증 같은 마음속 목소리.

이런 표현이 메리 웨슬리에게 실례라면 곤란한데, 『마지막 날의 시작』은 그 마음속 목소리로부터 쏙 빠져나간, 사뭇 인상적인 소설이었다. 아, 이렇게 평면적이고 공백이 많은 소설이 있어도 되는 거구나, 하는 생각이 절로 든다. 그런데도 문장은 청아하고 긴장감이 있다. 스토리 전개도 느릿느릿해 보이지만 그 중심은 늘 아슬아슬하게 쫓기고 있다. 그래 인생이란 그렇게 치밀하게 구축되는 게 아니지, 하고 내 편리할 대로 생각했다.

영국의 바닷가 마을을 배경으로, 자살을 결심한 여자의 여름 한철 동안의 생활이 그려진다. 말을 아껴 얘기되는 기억의 단편, 소박하게 그러나 빈틈없이 그려지는 등장인물들. 주인공의 의연함, 담담한 생활과 냉철한 시선을 통해서 부득이 독자는 한 여자의 생애와 마주하게 된다. 그녀는 겁이 날 정도로 진지하게 다가온다. 이런 올곧음으로 소설을 쓸 수 있는 메리 웨슬리는 과연 어떤 사람일까, 하고 생각한다.

아무튼, 반년 치 마음속 목소리에서 해방되어 안도했다.

브랜디를 듬뿍 머금은 케이크 같은 연애 소설

『사랑은 속박 La Laisse』 프랑수아즈 사강 지음

 신간을 읽고서 실망하는 일이 없는 흔치 않은 작가에 프랑수아즈 사강이 있다. 실망하지 않는다는 것은 상당히 자극적인 일이다. 나는 딱히 사강의 작품을 즐겨 읽는 독자는 아니지만, 그래도 이 작가와 같은 시대를 살아 다행이라고 생각한다. 탁월한 문학이 지니는 힘, 언어 그 자체가 지니는 힘, 그 깊이와 강함과 아름다움을 이 작가만큼 분명하게 보여주는 작가도 없다.

 그런 사강의 신간을 읽으면서, 연애 소설 읽은 지 참 오래되었네, 하고 생각했다. 물론 그것은 사실이 아니지만, 아무튼 『사랑은 속박』은 그런 생각이 들게 하는 소설이다. 연애를 바짝 졸이고 졸인 소설, 브랜디를 듬뿍 머금은 케이크처럼 속속들이 연애로 절여진 소설이다. 그러면서도 몹시 신랄하고, 인간의 슬픔에 거침없이 도달하는 예리함이 그야말로 사강의 진면목을 보여준다.

 주인공은 한 쌍의 부부. 아내는 아름답고 재산이 있지만 남

편은 빈털터리 피아니스트(이런 설정만으로도 벌써 사강다워, 살짝 기뻐진다)다. 이야기는 줄곧 피아니스트인 뱅상 1인칭으로 전개되는데, 뱅상이 자신의 괴로운 심정과 아내 로랑스의 불합리한 처신을 꼼꼼하고 세세하게 관찰하고, 신중하고 교양 있게 얘기하면 얘기할수록 뭐라 말할 수 없이 매력적이고 애처로운 로랑스의 모습이 부각된다. 읽는 이의 성향에 따라 달라지겠지만, 적어도 나는 이 소설을 읽으면서 점점 더 로랑스에게 매료되었지, 뱅상은 한 번도 동정하지 않았다.

로랑스는, 뱅상의 말을 빌리면 이런 여자다.

> 머리는 좋지만 기지는 없다. 돈은 헤프게 쓰지만 너그러운 베풂은 없다. 아름답지만 매력은 없다. 헌신적이지만 친절함은 없다. 기민하지만 생기발랄하지 않다. 타인을 부러워하지만 스스로 바라는 것은 없다. 그녀는 사람을 헐뜯지만 증오하지는 않고, 자존심은 세지만 자긍심은 없으며, 친근하게 굴지만 따뜻함은 없다. 감수성은 풍부하지만 상처 입는 일은 없다. 그녀는 어린애 같지만 순수함은 없고, 투덜거리기는 해도 포기하지 않으며, 값비싼 옷을 입고 있어도 우아하지 않고, 신경질적이지만 분노는 없다. 그녀는 솔직하지만 성실하지 않고, 겁은 많지만 두려움을 모른다. 그러니까 즉 정열은 있어도 사랑은 없는 것이다.

사강의 문장은 숨 막힐 정도로 긴밀하고 감미롭고 산뜻하다. 향수와 음악, 롱샹 경마장의 색감이 선명한 풍경 등 화려한 양념을 곳곳에 뿌려가면서, 스토리는 오로지 허식을 부정하고 애정의 본질(그것이 어떤 결과가 되었든)을 천착하기 위해 앞으로 나아간다.

특히 제10장은 압권이다. 사랑을 둘러싼 인간의 심리가 어떻게 변화하는지를 이렇듯 아름답고 상큼하게 그려낼 수 있다니 놀랍기만 하다.

그래도 절망은 선택하지 않는다

『존 치버 단편선집 The Stories of John Cheever』 존 치버 지음

사람이란 이 얼마나 복잡하고 기묘하고 오리지널하며 고독한 존재인지, 하고 생각한다. 이렇게까지 오리지널하지 않다면 이토록 고독하지 않아도 될 거라고 생각하고는 하지만 그렇기에 '세상은 때로 아름다운' 것이고, 세상이 때로 아름답기에 사람은 고독해도 살아갈 수 있는 것이라고 생각한다. 『존 치버 단편선집』은 그런 단편집이다.

존 치버는 미국 현대 문학사를 얘기할 때(특히 단편 소설의 계보를 더듬을 때) 빼놓을 수 없는 중요한 인물이지만, 일본에서는 그리 읽히지 않는다. 그 연유는 치버가 철저하게 내면을 직시하는 작가라는 사실과 관계있을 것이라고 생각한다. 같은 가족이나 부부를 그려도, 예를 들어 카버나 업다이크가 가족과 부부 그 자체에 초점을 맞추고 있는 데 반해 치버의 초점은 한 인간의 내면적 고독에서 벗어나지 않는다. 따라서 도망갈 곳이 없다. 읽는 이는 그 엄격함에 질리고 우울해지며, 때로는

큰 타격을 받는다.

 조금도 편안함을 주지 않는 단편집이다. 빈정거리는 눈, 자포자기, 갑자기 내던지듯, 가차 없는 결말. 치버의 특색인 '가차 없는 결말'은 이 단편집에 실린 열다섯 편의 작품 거의 모두에 공통된다. 「혼자만의 허들 레이스」의 단호한(이라고밖에 표현할 수 없는) 결말, 「나라 없는 여자」의 가슬가슬한 뒷맛, 「이혼의 계절」에서 배어 나오는 온건한 불행. 그리고 그런 요소들 모두가 다소 뒤틀리고 우스꽝스럽고 슬픈, 뭐라 말하기 어려운 독후감으로 남는다. 어떤 작품이든 다 이상하다. 치버는 이렇게 말하며 피식 웃으리라. 그건 사람이 원래 다 이상하니 어쩔 수 없는 일이지.

 게다가 이 사람의 굉장한 점은 이야기를 파탄으로 이끌지 않는다는 것이다. 이렇게까지 비관적인 시각을 갖고 있으니, 은둔 생활을 하며 바깥세상을 조소적으로 바라봐야 할 텐데, 이 사람은 절대 그런 태도를 취하지 않는다. 이렇게까지 쓸 거면 차라리 세상을 등지는 게 편할 텐데, 하고 나는 괜한 생각까지 하는데 치버는 완강하게 버틴다. 도망치지 않는다. 세상에 구원 따위는 없다고 쓰지만, 그래도 절망은 선택하지 않는다. 이 불균형이 치버 최대의 매력이라고 생각한다. 그리고 작가가 절망하지 않는다는 사실 하나만으로도, 그가 쓰는 소설은 제

아무리 비관적으로 보이는 이야기라도 하나하나가 이미 구원이다.

사람이 있다는 사실 자체, 생활이 있다는 사실 자체가 지니는 '구원성'을 끈질기고 집요하게 믿는 작가다. 그러니 「안녕, 동생」이나 「라이슨 부부」, 「바닷가의 집들」 같은 슬프고도 아름다운 이야기를 쓸 수 있었던 것이리라. 인간을 똑바로 마주하고서 응시하는 그 시선에는 그만 고개를 숙이게 된다.

상상까지 껴안은 참다운 진실을 외면하지 않는다

『카치아토를 쫓아서 Going After Cacciato』 팀 오브라이언 지음

'병사들은 꿈꾸는 자들이다.'

시그프리드 서순의 이 말이 서문을 장식하는 장편 소설이다. 전쟁을 다룬 소설을 몇 편이나 발표한 팀 오브라이언의 세 번째 작품으로 1973년에 출간, 전미 도서상을 수상했다.

나는 반전 소설을 싫어한다. 읽을거리로서 대개가 재미없는데다 무언가를 호소하기 위해 소설을 쓴다는 자세가 싫기 때문이기도 하다. 따라서 『카치아토를 쫓아서』는 반전 소설이 아니다.

몇 년 전에 팀 오브라이언은 어느 잡지의 인터뷰에서 이렇게 말했다.

> 나는 탈주병이 되어 파리로 갔어야 했다. 하지만 실제로는 가지 않았다. 다만, 파리에 간다는 상상은 할 수 있다. 소설을 쓴다는 것은 그런 것이다. 나는 그렇게 『카치아토를 쫓아서』를 썼다. (중략) 상상은

언제나 현실에 작용한다. 나는 소설에 상상과 현실의 상호 침투를 썼다고 생각한다.

 상상과 현실의 상호 침투. 그것이야말로 오브라이언 소설의 참맛이며, 전쟁은 그것을 쓰기 위한 장치에 지나지 않는다. 다른 작가의 경우라면 가령 연애나, 가족, 어린 시절, 또는 야구가 그러하듯이.
 오브라이언의 소설을 한 작품이라도 읽는다면, 그가 자신의 눈으로 본 것, 자기 손으로 만져본 것, 자기 코로 냄새를 맡아본 것밖에 믿지 않는 작가라는 것을 알 수 있다. 나는 오직 그 한 가지 때문에 이 작가를 전면적으로 신뢰하고 있는데(실제로 현존하는 미국 작가 중에서 가장 경애하는 사람이라고 해도 좋다), 거기에는 당연히 자기 머리로 상상한 것이 포함되며, 오브라이언은 상상까지 포함한 참다운 진실을 외면하지 않는다.
 이 상상과 현실의 상호 침투는 『카치아토를 쫓아서』에서 단적이고도 알기 쉬운 형태로 나타난다. 꿈틀거리듯 웅성거리듯 움직이는 베트남의 밤도, M&M 초콜릿을 오물거리며 죽어가는 병사의 표정이나 호흡도, 테헤란의 분위기 야릇한 지하실에서 가물가물 흐르는 음악에 맞춰 옷을 한 겹씩 벗는 한국인 아가

씨도, 파리의 아파트에서 마시는 행복한 와인도, 같은 장소에서 교차하며 한 소설에 같은 분량의 리얼리티를 부여한다. 그럴 수 있는 까닭은 '눈에 보이는 모든 것을 그가 믿었기' 때문이며 '병사들은 각자가 서로 다른 전쟁을 하고 있기' 때문이다.

1973년에 발표된 이 소설은 예를 들면 1990년에 발표된 『그들이 가지고 다닌 것들』에 비하면 다소 소설적으로 불안정하다. 그러나 그 불안정하고 환상적인 색채만큼이나 순진무구하고 통절해서, 오히려 아름다운 소설이다.

이렇게 강력한 힘을 지닌 문장은
한꺼번에 많이 읽어서는 안 된다

『베네치아 풍물지 Esquisses Venitiennes』 앙리 드 레니에 지음

  존재 자체가 아름다운 책이 있다. 그림이나 문장은 물론, 여백까지도 아름다운 책.

  스콧 피츠제럴드는 프루스트의 『잃어버린 시간을 찾아서』를 읽고 있는 연인을 보고, "하루에 열 페이지 이상은 읽지 않는 게 좋을 거야"라고 조언했다고 한다. "천천히, 꼼꼼하게 읽고서, 페이지를 넘기기 전에 읽은 부분을 잘 소화시켜야 해" 하고.

  앙리 드 레니에의 『베네치아 풍물지』 역시 그런 책이라고 생각한다. 전편이 시에 아주 가까운 산문으로, 언어가 빚어내는 이미지의 아름다움에 현기증마저 인다. 언어가 지니는 일종의 마약 같은 힘 탓이라고 생각한다. 이렇게 강력한 힘을 지닌 문장은 한꺼번에 많이 읽어서는 안 된다. 무엇보다 읽는다는 행위 자체가 관능적이기 때문에, 조금씩 읽지 않으면 자기도 모르는 사이 언어에 빠져 허우적거리게 된다.

  이 책에 갇혀 있는 장소는 세기말의 베네치아다. 세기말이란

특별한 시간이다. 온갖 사물이, 온갖 사람이, 신비로운 인광을 뿜어낸다. 레니에가 그의 눈을 통해 보여주는 베네치아도 그 독특한 흥분감 속에 있다. 찰나적인 쾌활함, 밝음 같은 것이 공기 중에 충만하다.

'환각' '색다른 정원' '차테레 하얀' '사발' '변덕쟁이 베치나' '희극' '브렌타 강'. 이렇게 각 장의 제목만 늘어놓아도 왠지 가슴이 콩콩 뛴다. 어느 페이지를 펼쳐도, 어느 한 줄을 보아도 베네치아 냄새가 물씬 풍기는 듯하다.

그러니 인용할 글도 넘쳐난다.

하지만 누가 과연 베네치아를 떠나겠다는 생각을 할 것인가? 배의 허리가 제아무리 많은 짐으로 불룩해져도, 돛이 제아무리 돛줄을 흔들어도, 모두 소용없는 일이다. 이 청동 노커에 등을 기대고, 이 신발로 너희들의 땅을 밟는 것보다 즐거운 일이 과연 어디에 있을 것인가?

오후의 대포 소리가 울려 퍼졌다. 그에 따라 종소리도 일제히 울린다. 나는 제스아티 수도원의, 산 트로바소 교회의, 살루테 교회의 종소리를 구별해 들을 수 있다.

마치 이 매혹적인 장소를 지금 거닐고 있는 것처럼 즐겁다. 색과 빛, 소리와 형태가 알알이, 겁이 날 정도로 선명하게 떠오른다. 글자를 읽는 행복으로 넘치는 책이다.

그리고 막심 데토마의 그림이 이 아름다운 책을 완벽하게 장식하고 있다는 것은 두말할 나위 없다. 잇달아 펼쳐지는 배 그림에서는, 불안정한 뱃전에 앉아 있을 때의 찰랑찰랑 물결치는 물의 느낌까지 전해진다.

만약 이 시대에 태어났다면, 이렇게 살았을지도 모르지

『눈물이 흐르는 대로Blown Away: The Rolling Stones and the Death of the Sixties』

하치너 지음

1964년에 태어난 내게 60년대는 풀리지 않는 수수께끼였다. 이미 지나간 시간인데 여전히 끝나지 않은 시대, 많은 사람들이 아직도 그 여운 속에 있으면서 무슨 일이 있을 때마다 언급하는 시대, 사상이든 음악이든 패션이든 그 난폭하고 황당무계한 정열로 70년대와 80년대의 근접을 허락지 않는 장소에 살아 있는 시대. 그 정체 모를 거대한 파워가 솔직히 나는 섬뜩하다. 마흔 살이 넘은 지금도 무정부주의자적인 현역 로커로 활동하는 롤링 스톤스는 그 섬뜩함의 절정이다.

이 책은 롤링 스톤스를 둘러싼 면밀한 기록이며, 60년대라는 특수한 시대를 추모하는 레퀴엠이다. 폭력적이고 혼돈스러우며 난삽하고 무도한, 그러면서도 저항하기 어려운 거대한 흐름.

나는 처음에는 모르는 시대를 '지식'으로 알기 위해 이 책을 읽기 시작했다. 그런데 5분도 채 지나지 않아 처음의 목적은 어딘가로 사라지고 말았다. 책 속에 흐르는 시간이 실제 시간보다 훨씬 박력 있어 그쪽이 현실감을 띠고 만 것이다.

읽으면서 후끈한 열기를 느끼게 되는 책이다. 미열의 단계에서 거부 반응을 보이는 이도 있을지 모르겠다. 하지만 미열 속에서 조금이나마 감미로운 도취를 발견하는 사람이라면, 읽기 시작하는 순간 빨려 들어가 다 읽을 때까지 돌아오지 못한다. 읽으면서 점차 흥분하게 되고, 점차 후끈한 열기에 감싸이게 되는 좀 위험한 책이다.

이 책에는 롤링 스톤스의 각 멤버와 농염한 염문을 뿌린 여자들—마약과 무절제한 생활로 너덜너덜해진 여자들—이 등장하는데, 사진으로 보는 그녀들은 히피 같은 모습이다. 한눈에 60년대를 거느리고 있다는 것을 알 수 있는 이런 사람들은 지금껏 내게는 우주인 같은 기이한 존재였다. 그러나 지금은, 만약 이 시대에 태어났다면 나 역시 이렇게 살았을지도 모르지, 하고 생각한다.

롤링 스톤스의 각 멤버도 그렇다. 믹 재거는 중학생 시절에 농구부였다(스냅 사진으로 보는 그는 정말 귀엽고 깔끔한 소년이다), 키스 리처즈는 성가대의 솔리스트였다, 우등생 브라이언 존스는 어른이 되도록 '불량한 음악'에 심취한 일로 생긴 가족 간의 알력에서 해방되지 못했다. 그런 일화를 하나하나 읽어나가다 보면, 당연하지만 그들이 모두 평범한 소년이었다는 것을 알 수 있다.

그렇게 생각하면 "모두들 이런 생각에 사로잡혀 있다. 그 녀석만은 1969년 그때 그대로 있었으면 좋겠다고. 다들 그렇게 생각하는 것도 무리는 아니다. 그렇지 않으면 그들 자신의 청춘이 없어져버릴 테니까"라는 믹 재거의 말이 애처롭고 마음 아프다.

다른 부부의 침실을 엿보는 듯한 단편집

『금요일의 별장 La Villa del Venerdì』 알베르토 모라비아 지음

압도적으로 뛰어나다.

뼈대가 탄탄하고, 그런데도 디테일은 섬세하다. 열여섯 편의 각 단편이 적당한 볼륨을 갖추고 있고 당당하며 흔들림이 없다. 그리고 그 모든 단편의 주제가 남자와 여자다.

하기야 남자와 여자라고 한마디로 단언하는 것은 정확하지 않다. 한 사람씩 모두가 철저하게 자신의 성性을 살아가려 한다. 모라비아는 그 독자적이며 과감한 시행착오를, 소설 속에 냉철하게 새겨 넣는다.

대부분의 작가들은 좋아하는 색의 안경을 끼고 있는데, 모라비아는 그렇지 않다. 쓰고자 하는 대상을 보호하지 않는 것이다. 동정도 비판도 가하지 않는다. 색안경을 끼지 않은 눈으로 지긋이 관찰하고, 관찰한 대로 소설을 쓴 것이 아니라 문학으로 만들었다.

가령 「문간의 접시」에서 시뇨라 브루라가 아름다운 산 위에

서 옷을 벗는 광경의 임팩트는 뭐라 말할 수가 없어, 나는 한동안 그 페이지에서 눈을 뗄 수 없었다. 그것은 모라비아의 힘이라기보다 명백히 시뇨라 브루라의 힘이라고 생각한다. 책 속에서, 청명한 공기와 화창한 하늘을 배경으로 읽는 이를 도발하는 것은 다름 아닌 브루라 자신이며, 이것은 뭐라 말할 수 없이 문학적인 일이다.

나는 단편의 명수라 불리는 작가에게 편견을 갖고 있다. 이내 오 헨리 적인 작품을 상상하기 때문이다. 나는 오 헨리를 좋아하지 않는다. 물론 단순히 취향의 문제이지만, 그렇게 '결말'이 뻔히 보이는 이야기를 좋아하지 않는다. 그렇다면 어떤 단편을 좋아하는가, 이를 테면 「고속도로에서」, 「나는 망아지, 이름은 앨리스」, 「기린과 아내」 등. 요컨대 이 책에 실린 대부분의 단편이 내가 좋아하는 유의 단편이다(「금요일의 별장」과 「문간의 접시」는 단편이기보다 중편이지만, 단편의 긴장감과 밀도 그리고 장편의 읽는 맛과 중후함, 양쪽 모두를 즐길 수 있는 아슬아슬한 길이다).

부부를 다룬 단편이 많은데, 부부를 이 작가만큼 흥미롭게 다룬 예도 없다. 다른 부부의 침실을 엿보는 듯한 단편집, 이라고 표현하면 남 듣기가 좀 남세스러울까. 어떤 부부든 반드시 지니고 있을 독창적인 각자의 비밀―그것들은 예외 없이 사랑스럽고, 예외 없이 눈물겹다―을 은밀하게 폭로하는 책이다. 그 심각함의 정도에 가슴이 두근거린다. 게다가 모라비아는 고작 열 페이지로 그것을 해치운다. 한없이 끈적거리는 것을 아주 예리하게 시원하게 쓴다. 그런 점은 과연 이탈리아 작가답고 산뜻하다.

모라비아가 그리는 아내들에게는 공통점이 있다. 시뇨라 브루라가 '망가진 태엽'이라면, '아직은 망가질까 말까 하는 태엽'인 그녀들 역시 브루라와 마찬가지로 문학적인 성을 구현하고 있다.

묘사를 부정하는 이야기

『존재의 세 가지 거짓말: 비밀 노트』 아고타 크리스토프 지음

잠깐, 잠깐만.

읽으면서 몇 번이나 그렇게 생각했다. 아니, 잠깐만, 좀. 4년 전, 『존재의 세 가지 거짓말: 비밀 노트』를 처음 읽었을 때다.

놀란 것이라 생각한다. 그런 소설에 대처하는 방법을 몰랐으니까.

문장에 넘실거리는 싸늘한 열기, 혼돈을 허락하지 않는, 억지스러울 정도로 적확하게 헤치고 나아가는 힘.

그 후 『타인의 증거』가 나오고, 『50년간의 고독』에 이어 『괴물 Le Monstre』과 『전염병 L'Épidémie』이 발표되었다. 단순함도 흔들림 없음도 여전하다. 하지만 가장 강렬했던 작품은 뭐니 뭐니 해도 데뷔작. 간이 철렁 내려앉는 듯한 문학적 흥분.

이 책의 무엇에 그리도 간이 철렁했는지. 우선 뼈대밖에 없는 이야기인데도 디테일은 섬세하고 풍요롭다는 것. 마치 소설 속에서 주인공들이 써 내려가는 작문의 룰처럼, 아고타 크

리스토프의 문장에는 군더더기가 없다. 수식도 없고 끝없이 이어지는 내면 묘사도 없다. 그리고 그 내면 묘사의 부정을 통해서만, 한 사람 한 사람이 껴안고 있는 것의 깊이와 무거움과 고독함을 너머 그 오리지널리티가 어떤 유의 숭고함마저 지닌 채 선명하게 부각된다.

'인간은 고뇌에 대해, 그가 이 고뇌에 찬 운명과 함께 이 세상에 오직 홀로, 단 한 번 서 있다는 의식에 도달해야만 한다. 운명과 마주한 그 자신이 이 고뇌를 짊어질 때에만, 독자적인 업적에 대한 단 한 번의 가능성이 존재하는 것이다.'

이렇게 쓴 사람은 『밤과 안개』의 빅토르 프랭클이다.

이런 말이 반드시 적절하지 않을지는 모르겠지만, 『존재의 세 가지 거짓말: 비밀 노트』에 등장하는 사람들의 기본적인 레벨을 나는 무척 좋아한다. 여기서 레벨이란 즉 정신적인 장소. 죽고 싶다는 말을 내뱉은 장교에게 쌍둥이가 "자살할 거면 거들어드리죠"라고 말하는 장면이 있다. 장교는 "고마워, 친절하군"이라고 대답하지만, 어느 쪽의 말에도 일말의 빈정거림이 섞여 있지 않다. 성실함 속에서, 이런 대화가 성립하는 레벨. 엄마와 여동생의 **뼈**를 갈고 손질해서 이어 매다는 것도 그렇다. 감정을 똑바로 직시하고, 모든 기준을 자신의 내면에서 찾으려 하는 것. 아주 동물적인, 그 판단.

하지만 마지막으로 솔직하게 덧붙이자면, 그런 것들은 물론 두 번째 가치다. 아고타 크리스토프의 소설을 읽는 최고의 가치는 재미.

사실, 그것 외에는 할 말이 없다.

거대한 강을 홀로 헤엄쳐 가는 기분

『불멸』 밀란 쿤데라 지음

표지가 좀 무섭지만, 이 책은 사랑 이야기를 담고 있다. 그리고 『불멸』이라는 제목이 단도직입적으로 보여주듯이, '인간은 누구나, 우리 자신 속의 어떤 부분에 의해 시간을 초월해 살고 있다'는 것이 이 소설의 주된 선율이다. '몸짓'이나 '이미지' 또는 '예술'은 개인을 훌쩍 뛰어넘어 끝없이 몇 번이고 반복된다.

하지만 이것은 주선율일 뿐 이 소설의 실질은 아니다. 실질은 어디까지나, 소설은 어떻게 해야 소설다울 수 있는가 하는 쿤데라 자신의 질문과 또 그 대답이며, 오직 그 한 가지를 버팀목으로 하면서 이 소설은 종횡무진 전개된다. 쿤데라는, 이 사람 방식으로 표현하자면, 마치 동생 없는 우울한 아이처럼 소설 쓰기에 열중한다.

쿤데라의 펜은 신경에 거슬리는 농담처럼 집요하게 '중앙 유럽'으로 회귀하고, 역사와 문학과 음악을 얘기하고, 괴테와 헤밍웨이를 언급하고, 사랑과 존재함의 행복과, 벌로서의 불멸에 대해, 그런가 하면 자매의 갈등과 부부의 침실에 대해 중후하면서도 경묘하게 써 내려간다.

과거와 현재, 자기와 타자, 소설의 안쪽과 바깥쪽을 자유롭고도 거침없이 오가면서, 아녜스와 로라를 통해, 베티나를 통해, 루벤스의 성적 고백과 아베나리우스 교수의 관심과 테마를 통해, 때로는 시적으로 또 때로는 희극적으로 사랑 이야기를 빚어낸다. 그것은 책 속에 갇힌 세계가 아니라 사방팔방으로 열린, 때문에 어쩔 수 없이 불안하며 온갖 정의를 거부하는 소설 세계다.

예를 들면, 거대한 강을 홀로 헤엄쳐 가는(떠내려가는) 기분. 간혹 무언가가 떠내려와 스치고 지나가지만, 떠내려오는 단편을 굳이 잇대려 하지 않는다. 물론 강 전체의 형체 따위는 파악할 수 없다. 몹시 기분이 불안한데, 그 허우적거리는 무력한 느낌이 유쾌하고, 압도적인 물소리에 일종의 황홀감을 느끼기도 한다. 나는, 이렇게 이 소설을 읽었다. 눈앞을 그저 스치고 지나가는 선연한 단편(그것들은 때로 내 안의 어떤 것과, 또는 아까 떠내려간 다른 단편과 딱 겹쳐지기도 하지만)이란 실제로 소설에 박혀 있는 다채로운 키워드다.

하지만 그렇다고 그것들을 따라가 잇대고 분석해본들(그런 일이 가능하다 해도), 아마 아무런 의미도 없을 것이다. 이 강의 힘, 그 혼돈이야말로 쿤데라가 생각하는 문학이라면, 있는 그대로 받아들일 뿐 달리 할 수 있는 것이 없다.

그리고 나는 이 소설의 첫 장면을 무척이나 좋아한다. 그야말로 사뿐, 아녜스가 태어나는 이 장면의 아름다움에, 소설을 쓰는 자라면 누구든 가슴이 두근거릴 것이다.

내게 에밀리가 특별한 까닭은
자유를 향한 일종의 편집광적인 갈망 때문이다

『에밀리 브론테 A Chainless Soul: A Life of Emily Bronte』 캐서린 프랭크 지음

전기나 자전은 참 골치 아픈 것이다.

재미없는 전기(나 자전)는 정말 재미가 없으니까 누가 부탁하든 읽고 싶지 않지만, 재미있는 전기(나 자전)는 읽고 나면 소설 쓸 용기가 싹 가시고 마니까, 가능하면 역시 읽고 싶지 않다.

『에밀리 브론테』는 후자의 전형 같은 책이다.

약 400페이지에 열두 장으로 구성된 이 책은 『폭풍의 언덕』의 작가 에밀리 브론테를 중심으로 브론테 일가 ― 『제인 에어』의 작가인 언니 샬럿, 술주정뱅이 오빠 브랜웰, 『아그네스 그레이』를 쓴 여동생 앤, 줄줄이 아이만 낳고는 죽어버린 엄마와 성격이 얼토당토않게 별났던 아버지 ― 를 둘러싼 이야기인데, 참 기묘한 가족이다 싶다. 그들의 기발함과 개성이 그저 놀라울 따름이다.

픽션에서는 도저히 창조해낼 수 없는 이 매력적인 사람들은

압도적인 강력함으로 읽는 이에게 다가선다. 그들은 사람이 산다는 것의 근원적인 환희와 그 백배나 되는 깊은 슬픔을 자신들의 인생을 예로 여지없이 보여준다. 물론 타협이 없고 기골 찬 에밀리 브론테 일가에 어울리는 방식으로.

 1848년 12월에 서른 살 나이로 죽기까지, 에밀리는 타인에게 줄곧 마음을 닫은 채 오로지 자신의 내면으로만―이는 바로 자기를 뚫고 나가 황야로 이어졌지만―침잠했다. '얽매이지 않는 혼'과 '자유'만이 그녀의 뜻에 부합되는 것이었으며 그 외의 모든 것은 그녀를 그저 짜증 나고 성가시고 우울하게 할 뿐이었다. 사람과 사람 사이의 교류와 재산, 작가로서의 명예도 에밀리에게는 답답하고 하찮은 창살에 지나지 않았다. 게다가 그녀는 먹는 것조차 육체를 지상에 얽어매는 행위라 간주하고 거절한다. 내게 에밀리 브론테가 특별한 것은, 이 자유를 향한 일종의 편집광적인 갈망 때문이다.

 이렇게나 타인을 거절했으니, 당연한 일이지만 에밀리의 인생에 염문 따위는 전혀 없다. 여성의 전기에 늘 따라다니는, 열애나 결혼, 불륜, 비련, 삼각관계, 그 밖의 남자를 둘러싼 온갖 파란이 일절 없다. 그리고 그럼에도 불구하고 이 사람은 굳건한 의지와 깊은 애정, 나아가 무서울 정도의 정열을 지닌 여자로, 읽는 이의 마음에 굳건하고 강렬하게 새겨진다.

캐서린 프랭크는 절대 감정에 치우치지 않는 필체로, 본인의 말을 빌리자면 '감상 따위 파고들 여지가 없을 정도로 고뇌에 찬, 고독과 엄격함으로 일관한 사람'으로서 에밀리의 생애를 극명하게 파헤친다. 에밀리 브론테라는 사람은 이런 방식을 통하지 않고는 그 실체가 보이지 않는 사람이라고 나는 생각한다.

진하고 달콤한 아이스크림 같은

『내 거야』 가모이 요코 지음

  처음 이 책을 읽었을 때, 단어 하나하나가 마음으로 쏙쏙 날아 들어와, 놀랐다.

  문장 속에, 천방지축이면서도 올바를 수 있는 사람이 있다. 천부적인 재능이라고 생각한다. 읽으면서 정말 기분이 좋아진다. 그런 예로 이내 떠오르는 작가는 다케다 유리코와 모리 마리. 거기에 이 가모이 요코까지 포함해서, 나는 이 사람들이 자신의 생활에 대해—소중한 것, 그리운 것, 사랑스러운 것, 필요한 것에 대해—쓴 글을 좋아한다. 종이 위로 솔솔 피어오르는, 대담하고 세밀하고 강하고 불안하고, 그러면서 신비로운 공기를 느끼는 것이 좋다.

  『내 거야』는 어렸을 때 기억을 더듬으며 써 내려간 에세이집이다. '상'으로 꼭 안아준 엄마, 입이 무거운 아빠와 단둘이 기차 여행을 했던 때의 기억, 오빠와 남동생, 가족과 함께였던 날들과 그 끝이 세 부분으로 나뉘어 정리되어 있다.

어린 시절이란 아주 특별한 것이다. 모든 것이—보고 듣고 만지는 것 모두—하늘에서 내려온다. 선택하거나 결정하는 것이 아니라, 모든 사건이 아이들 위로 그저 내려온다. 비처럼. 눈처럼. 햇살처럼. 그것을 있는 그대로 문장으로 옮길 수 있는 사람은 그리 많지 않다.

어린 시절이 특별한 이유 중에는, 어린아이는 슬픔이라는 감정을 말로—후회나 실망, 고독과 애달픔도 그렇다—질서정연하게 파악하지 못한다는 것도 하나 있다. 하나의 개념을 말로써 파악하는 것은 아마도 무언가를 현저하게 잃는 것이겠지만, 한편으로는 감정에 이유를 부여해 슬픔을 경감해주기도 한다.

말로 파악할 수 없는 슬픔은 혼란스럽고 무거워서, 정말 골칫덩이다. 그래서 어린 시절 얘기를 읽으려면 언제나 조금 두렵다. 그런데 이 사람은, 그것을 거침없이(게다가 불쑥) 쓴다. 투박한 말투로 툭, 툭, 내던지다가 때로 불쑥 슬픔을 들이민다. 가모이 요코라는 사람은 그러지 않을 수 없는 사람이다. 그 이유는 이 사람이 동물과 나눈 대화를 빛나는 글로 남겼다는 것과 무관하지 않으리라고 생각한다. (셰퍼드 야키치와의 대화와, 들판에 쥐를 풀어주는 대목은 슬픈 장면이 아닌데도 눈물이 난다.) 동물도 말로 감정을 설명하지 못한다.

가모이 씨는 인생이란 아이스크림 같다고 말한다. "인생의 여름날, 달달했던 그 아이스크림. 끝내는 시간과 햇빛에 녹아 없어져버리지만, 절대 남김없이 사라지지는 않는다. 이 몸 온 갖 곳에, 그 끈끈하고 달달한 감촉이 남아 있다"라고.

나는 이 책의 커버를 벗겨내면 드러나는 헝겊 표지의 색감과 감촉을 무척 좋아한다. 진하고 달콤한 아이스크림 같다.

독서 일기 2

○월 ○일(흐림)

『영혼의 집』을 다 읽었다. 재미있어서 지난 사흘 정도 욕실까지 들고 들어가 읽었다. 커버는 젖고 욕실에 오래 있어 가족들에게 핀잔은 들었지만, 책 속으로 여유 있게 초대받았다가 돌아온 느낌이다. 이사벨 아옌데는 악기를 퉁기며 얘기를 들려주는 칠레의 악사라고 생각한다. 두루마리 그림책 같은 소설.

'라틴 아메리카 문학, 100년에 걸친 가족사'라는 키워드 때문인지 가르시아 마르케스를 언급한 서평을 몇 편 읽었는데, 아옌데의 문장에는 언어 자체에서 피어오르는 마르케스 유의 신비로운 향은 없다고 생각한다. 대신 존 어빙의 작품에서 볼 수 있는 기묘하게 뒤틀린 밝음이 있다.

'그녀는 이 세상을 눈물의 골짜기라고 생각지 않았다. 오히려 반대로 하느님이 거의 장난삼아 만든 것이라고 생각했기 때문에, 그것을 곧이곧대로 받아들이는 것은 어리석은 일이라

고 간주했다.'

이런 대목은 '인생은 동화(옛날이야기)다'라고 한 어빙의 말과 딱 맞아떨어진다.

○월 ○일(비)

『대괄호 느긋하게 바라보기 위해 하염없이 서 있는, 장치』를 읽었다. 이 책, 비가 오면 읽고 싶어지는 것은 왜일까.

저자인 나카니시 나쓰유키 씨는 화가다. 하지만 나는 이 사람의 그림을 본 적이 없어, 내게 이 책은 그냥 느긋한 이미지의 아름다운 집적이며, 일상의 복습이다.

○월 ○일(맑음)

녹음이 날로 푸르러지고 있다. 이 계절에는 전철 속에서 책이 잘 읽히지 않는다. 창밖의 짙푸른 버드나무와 줄지어 은색으로 빛나는 자전거들에 눈길을 빼앗기며 『와카바의 노래』를 읽는다. 제목 와카바는 '새싹'이라는 뜻—옮긴이과 파릇파릇한 새싹 같은 색감의 표지가 너무도 계절과 잘 어울려서, 기노쿠니야 서점에서 충동적으로 사고 말았다.

안에 실린 시 몇 편은 전에도 읽은 기억이 있는데, 이렇게 책 한 권을 고스란히 읽어보니, 한 편 한 편이 다 정겨워 할아버지의 얼굴이 떠오른다. 그러고 보니 이 시집에 등장하는 손녀 와카바와 나는 나이가 같다.

이런 시를 쓴 사람이 바로 가네코 미쓰하루라는 것부터가 감동적이다. 언어란 참 신기한 것이다. 이렇듯 상큼하게 애정에 넘치는 시를 쓸 수 있게 하니. 개인적인 냄새가 풍기는 책에는 왕왕 불편함을 느끼는데, 이 책은 예외다. 시인은 어린 손녀를 보면서 흐뭇한 미소를 띠고 있지만, 언어는 탄력 있고 아름답다. 놀리거나 민망해할 수 없을 만큼 정직하다. 가네코 미쓰하루는 참 맑고 깨끗한 사람이라고 생각한다.

그런데 시 속에 '네가 시집갈 나이쯤에는 일본이 조금 더 좋은 나라라면 좋겠구나'라는 말이 자주 등장하고 '아들과 딸이 하지 못한 것을 와카바와 그 또래 사람들이 이어받으려'라는 말이 등장해, '그 또래 사람'인 나로서는 심경이 복잡해 침묵하게 된다.

○월 ○일(흐림)

앤 비티Ann Beattie의 새 단편집 『당신이 나를 찾아낼 장소Where

You'll Find Me』를 읽고 있다. 비슷한 스타일의 작가 중에서 가령 레이먼드 카버와 비교하자면, 나는 이 사람의 소설이 다소 화려하고 장식적으로 느껴져 페리에 정도의 위화감이 있는데(카버는 골짜기에서 솟아오르는 샘물이라 할 수 있겠다), 그래도 미니멀리스트라 불리는 작가들의 작품에 나는 몹시 약하다. 뭘 따져서가 아니라, 그것은 피부 감각의 영역으로, 소설의 질감이 내 피부에 맞는다.

미니멀리스트라는 말은 이미 신선함을 잃었고 어딘가 모르게 폄훼하거나 비판하는 뉘앙스로 사용되는 경향이 있는데, 실제로 Minimal이란 정말이지 굉장한 것이다. 군더더기를 떨어내면 언어는 시에 가까워지고, 장면은 단박에 응축된다. 설명하는 것이 아니라 인상을 부여하기 때문이다.

그럴 때 문제가 되는 것은 번역인데, 미치시타 교코 씨의 번역은 흠잡을 데가 없다. 의지적인 문장이 비티의 소설에 딱 들어맞는다. 『조지아 오키프 Georgia O'Keeffe』 때도 그랬지만, 미치시타 씨는 작가를 넘어설 수 있는 몇 안 되는 번역자 중 한 명이라고 생각한다.

흥미로운 것은 작가와 번역자의 운명적이라고 해도 좋을 궁합이다. 가령 샘물 같은 문장을 미치시타 씨가(마찬가지로 페리에 같은 문장을 무라카미 하루키 씨가)번역했다면 이렇게나

(또는 그렇게나) 아름다운 번역문으로 완성되지 않았으리라고 생각한다. 작가와 번역자 사이에는 번역 인력(引力)이 존재하는 듯하다.

○월 ○일(맑음)

뼈대가 탄탄한 이야기가 읽고 싶어, 오랜만에 『이탈리아 민화집 Fiabe Italiane』을 읽었다. 온갖 사건들이 천연스럽게 벌어지는 이 동화집을 나는 무척 좋아한다. 이탈리아 민화답게 색채감이 풍부하고, '진실의 한 형태로' 이 책을 엮었다는 칼비노의 진정한 장인적 자세도 큰 매력이다.

어렸을 때는 「여자아이를 위한 이야기」라는 소제목이 붙은 장을 가장 좋아했는데, 지금은 「조금 슬픈 이야기」라는 장이 가장 좋다.

그건 그렇고, 이와나미 쇼텐은 이렇게나 아름다운 책을 많이 만드는 출판사이면서, '절판'과 '대망의 한정 재출간'을 반복하는 행위는 그만두었으면 한다.

Ⅳ 늘 보던 거울, 늘 보던 가위

결혼이란 참 잔인한 것이라고 생각한다. 결혼을 한다는 것은, 가장 좋아하는 사람 앞에서 가장 되고 싶지 않은 여자가 되고 마는 일이다. 서글프다.

밤의 육교에서

 밤, 늘 가는 장소로 산책을 갔다. 늘 가는 장소란, 벚나무가 죽 늘어서 있는 길쭉한 공원이라고 할까 산책로라고 할까, 그런 곳이다. 늦은 시간에 가면 사람이 없어 기분 좋은 장소다. 눅눅한 흙과 벚나무 이파리들의 냄새가 강하게 풍긴다. 그야말로 벚 이파리 찰떡 냄새다. 나는 코를 발름거리며 냄새를 맡고, 펜스에 걸터앉아 담배를 두 개비 피웠다. 올려다보니, 쭉 뻗어 나온 가지와 빽빽한 이파리가 밤하늘을 배경으로 짙고 옅은 먹색 그림을 그리고 있다. 그렇게 있다 보면 마음은 가라앉지만, 그러면서도 절절하게 슬퍼진다(남편과 말다툼을 한 후였다).

 결혼이란 참 잔인한 것이라고 생각한다. 결혼을 한다는 것은, 가장 좋아하는 사람 앞에서 가장 되고 싶지 않은 여자가 되고 마는 일이다. 서글프다.

 집에 가고 싶지 않아, 큰 공원 쪽으로 간다. 공원 주위에 이런 저런 사람들이 있었다. 큰길가에 주차된 수많은 차들. 육교 밑에는 트럼펫 연습을 하고 있는 사람들(실력이 꽤 좋다)이 있고, 벽을 마주하고 묵묵히 공을 차는 소년, 길거리 농구를 하고 있는 청년들, 그리고 돌계단에는 커플이 몇 쌍 앉아 있다.

나는 포장마차에서 파는 다코야키를 사 들고 육교에 올라가 먹었다. 자동차의 흐름을 내려다보면서.

다코야키는 갈색 머리를 길게 늘어뜨린 청년이 팔고 있다. 하지만 만드는 장면을 본 적은 없다. 청년은 초롱이 내걸린 소형 트럭 안에서 라디오를 듣고 있다. 옴폭옴폭 파인 예의 둥그런 철판은 있지만, 거기는 늘 비어 있다. "다코야키 주세요" 하면 청년은 뒤에 있는 보온 박스에서, 다코야키가 이미 담겨 있는 봉투를 꺼내 준다. 이 청년은 부근에서 노는 소년들의 좋은 의논 상대다. 나는 소년들이 다가가 의논하는 현장을 몇 번이나 본 적이 있다. 그래서 소년들은 다코야키를 살 때 손님인데도 아주 저자세다. 뒤돌아 가면서, "죄송합니다" 하고 고개를 숙이기도 한다.

다코야키는 맛이 이상했다. 육교 위가 춥다 보니, 내려다보느라 난간을 잡고 있는 손이 차가워졌다.

초등학생 시절, 육교를 지나 학교에 다녔다. 몸집이 작은 아이여서, 비바람이 몰아치는 날에는 우산째 날려갈 것 같아 무서웠다. 그런데도 나는 육교가 좋아, 거기에서 걸음을 멈추고 먼 곳을 바라보곤 했다. 도로와 하늘, 개울과 조그만 포도밭이 보였다. 육교 아래로 차가 지나갈 때, 시간을 잘 맞춰 깡충 뛴다. 그러고 내려오면 육교가 흔들린다. 아이들 사이에서 아래를 지나가는 차가 크면 클수록 크게 흔들린다는 정설이 있었지만, 보나마나 엉터리였을 것이다.

육교에 서서, 그런 일들을 떠올리며 벽에 쓰인 낙서를 멍하니 바라본다. 이 공원 벽의 낙서는 '아무개 다녀감', 그런 유가 아니라 복잡한 무늬가 죽 이어지는 알록달록한 그림이다. 허접스럽지만 힘차고 흥미롭다. 미국의 만화 잡지 비슷하다.

여러 개의 트럼펫이 빚는 감상적이고도 격렬한 소리가 사방으로 퍼지면서 밤하늘로 올라간다. 다양한 사람들, 다양한 소리, 다양한 냄새. 나는 이렇게 밤중에 걸어 다니는 것을 좋아한다. 남편은 그러지 말라고 하지만 그러지 않을 수 없다. 밤중에도 거리는 움직이고 있고, 사람들 역시 활동하고 있다. 그런 모습들을 보면 안심이 되는 것이다. 결혼하기 전에는, 남편과도 곧잘 밤길을 걸었다. 주말이면 밤을 새워 놀았고, 평일에도 겨우 한두 시간 만나기 위해 밤마다 나갔다. 지금은 그런 일이 없다.

편의점에 들러 기분을 추스리고 집으로 돌아간다. 아파트의 불빛, 주차장에 서 있는 낯익은 자동차. 남편은 거실에서 쿨쿨 자고 있고, 텔레비전 화면에서는 치직치직 요란스럽게 모래 폭풍이 일고 있었다.

달밤의 행복

 동생과 디즈니랜드에 다녀왔다. 무려 2년 만이다. 어째서 '무려'라는 말이 붙느냐 하면, 우리 둘 다 그 놀이공원을 엄청 좋아해서 전에는 심심치 않게 갔기 때문이다. 그런데 지난 2년 동안 취직이다 결혼이다 피차 바쁘고 혼란스러워서 놀이공원에 갈 처지가 아니었다.

 그날도 동생이나 나나 밤을 꼴딱 새우고 허둥지둥 갔는데, 오랜만의 놀이공원에 둘이서 얼마나 흥분했는지 모른다. 만나자마자, 신 난다 신 난다고 몇 번이나 말했다.

 입구에 들어서자 흥분이 절정에 달했다. 사람, 사람, 사람. 갖가지 색으로 치장한 가게들이 줄지은 아케이드는 풍선과 음악과 장식물과, 움직이기도 쉽지 않을 만큼 사람들로 가득했다.

 우리는 가슴이 콩닥콩닥 뛰었다. 서로가 금방이라도 환호성을 지르고 깡충깡충 뛸 것만 같은 상태임을 충분히 느낄 수 있었다. 이런 '두근두근'은 지난번 '두근두근'이 언제였는지 기억나지 않을 정도로 오랜만이었다. 우리는 팔짱을 딱 끼고 말은 한 마디도 않고서 앞으로 성큼성큼 걸음을 옮겼다. 둘의 얼굴이 빛났을 것이라고 생각한다. 이렇게 어린애 같은 감각을 누릴 수 있는 것은 동생과 있을 때뿐이다.

이미 오후도 늦은 시간이어서, 65분을 대기해야 하는 빅 선더 마운틴 줄에 서서 기다리는 동안 해가 기울고 말았지만 전혀 문제가 되지 않았다. 10여 년 전, 잠들기 전 불을 끈 방에서 늘 그랬던 것처럼, 웃고 떠들며 시간을 보냈다. 변해가는 하늘의 색과, 소리 없이 하나둘 빛나기 시작하는 별, 인공 바위산과 알전구에 불이 들어온 나무, 그런 신비로운 풍경 위로 둥실 떠오른 커다란 달을 바라보면서.

동생에게 들은 이야기.

요미우리랜드에서 수중 발레 쇼를 보았다. 추운 데다 한산한 게 손님도 별로 없어서 진짜 썰렁했다. 관중석에 앉아 있는데, 머리가 짧은 중년 여자가 등장해서 격한, 거의 비장함에 가까운 표정과 말투로 그 발레단의 애로 사항을 구구절절 늘어놓았다. 춤추는 사람들이 얼마나 고생하는지, 경영 상태가 얼마나 곤란한지, 게다가 수조의 유리를 지탱하고 있는 굵은 기둥에 대해서까지, "여러 분이 수시로 지적하십니다. 왜 이 기둥을 치우지 않느냐고 말이죠. 하지만 이 기둥을 없애면 수압 때문

에 유리가 깨지고 물이 쏟아집니다"라고 세상 고뇌는 다 짊어진 모습으로 설명했다고 한다. 그리고 음악이 울리면서 막이 올랐다. 동생은, 도망치고 싶을 정도로 괴로웠다고 말했다. 재미나게 얘기하기에 나는 웃었지만, 웃으면서도 서글픔이 차올랐다.

빅 선더 마운틴은 정말 신 났다. 바람, 하늘, 속도, 저녁 어둠 속에서 빛나는 거리의 불빛, 산 사이로 보이는 달. 너무 멋지고 신이 나서, 타는 내내 우리는 환호성을 질렀다. 그리고 디즈니랜드에서 가장 좋아하는 놀이기구가 바로 이거라는 것을, 서로가 새삼 확인했다.

다시 한 번 타고 싶은 것을 참고서 스플래시 마운틴으로 갔다. 이 놀이기구도 그날 목표 중의 하나. 둘 다 아직 한 번도 타 본 적이 없었다. 75분을 기다려 드디어 탑승. 그런데 처음치고는 운이 좋아 맨 앞자리에 앉게 되었다. 얼어붙을 것처럼 추운 겨울밤인데, 온 얼굴에 튀는 물방울.

그리고 올해를 끝으로 중지된다는 일렉트릭 퍼레이드를, 조각 피자도 먹고 춤도 추면서 보았다. 그 퍼레이드를 볼 때는 절로 춤을 추게 된다. 음악 탓이라고 생각한다. 춤추면서 더없이 행복해져, 또 신 난다고 말한다.

마지막에는 잠시 산책을 했다. 그리고 이제 소프트아이스크림까지 먹으면 완벽하다 할 참인데, 어디에서 파는지 장소를 알 수 없었다. 우리는 얼굴만 마주 보았다. 몇 번이나 왔으면서 이 꼴이다. 늘 K와 함께였기 때문이다. K는 내 고교 시절 친구로, 서른두 살 나이에 스무 살 정도로밖에 보이지 않는 경이로운 동안이다. 디즈니랜드에 대해서라면 그야말로 살아 있는 백과사전, 그녀와 함께하면 이 놀이공원 전체가 우리 집 앞마당 같아진다.

"전화해서 물어볼까. 여기서 어느 쪽으로 가면 아이스크림 가게가 있는지."

동생이 진지하게 말한다.

"안 돼. 오고 싶어서 발을 동동 구를 텐데."

나는 동생을 나무랐다. K는 지금 임신 중인 몸이다.

"다음에는 틀림없이 네 명에서 오겠지."

동생이 싱글거리며 말한다.

우리는 진짜 놀이공원을 좋아한다. 취직도 결혼도 출산도, 우리를 막을 수 없다.

"아, 재미있었다!"

수박 맛 젤리빈을 오물거리면서, 우리는 행복했다.

시즈오카까지, 양갱을

날씨가 화창한 오후, 엄마에게서 전화가 왔다.

"오이와케 양갱이 있는데."

순간적으로 틈이 생겼는데, 그건 내가 놀란 탓이다. 오이와케 양갱은 대나무 껍데기에 싸인 넓적한 양갱(밀가루와 갈분으로 만든)으로, 내가 아주 좋아하는 것이지만 시즈오카에 가지 않고는 살 수 없다.

"정말? 그런데 어디서 났어? 누가 준 거야?"

나는 흥분해서 물었다. 전에 할아버지 할머니가 시즈오카의 시미즈에 살았을 때는 이 특별한 과자를 쉬이 구할 수 있었지만, 할아버지 할머니가 돌아가신 후로는 좀처럼, 정말 좀처럼 구할 수가 없었다.

"그게 아니고. 샀어, 어제 백화점에서."

엄마가 흘려들을 수 없는 대답을 했다.

"어느 백화점? 특산품 축제라도 하는 거야?"

엄마가 신주쿠에 있는 어느 백화점 이름을 말했다. 내가 양갱 하나에 너무 유난스럽게 반응해 놀란 투였다.

"똑같은 건 아니고."

그러고는 갑자기 저자세가 된다. 물론 나는 다그쳐 물었다.

"무슨 뜻이야? 오이와케 양갱이 달라졌다는 거야?"

내가 유난히 좋아하는 과자가 달라지거나 없어지는 것은 흔한 일이다. 르블랑에서 옛날에 팔았던 밀푀유는 사이사이에 믿기지 않을 만큼 깨끗하고 단단한 버터크림이 들어 있었고(입에 넣었을 때의 그 부드럽고 차가운 촉감), 상큼해서 얼마든지 먹을 수 있었던 모로조프의 쿠앵트로 맛 미니 슈크림, 그리고 환상 중의 환상인 긴노부도의 살구 찹쌀떡. 유텐지에 있던 몬트로라는 케이크 가게는 이것저것 다 맛있었는데 가게 자체가 없어져버렸고, 시세이도 팔러의 예쁜 분홍색 소다수도, 센비키야의 복숭아 파르페(잘 익은 백도가 듬뿍 들어 있고 여름에만 판다)도 지금은 없다.

"얘는, 좀 진정해라."

기가 차다는 건지 진정시키려는 건지 모를 엄마의 목소리가 나의 회상을 가로막았다.

"걱정 마. 그런 건 아니야."

엄마의 설명에 따르면, 그것은 오이와케 양갱과 아주 비슷한 양갱이고, 오이와케 양갱이 달라진 것은 아니라고 한다. 나는 안도와 실망을 동시에 느꼈다. 전자는 오이와케 양갱이 달라지지 않았다는 것에 대해, 후자는 엄마가 산 양갱이 진짜 오이와케 양갱이 아니라는 것에 대해.

"비슷한 건 또 뭐야, 아니면 아닌 거지."

오이와케 양갱은 특별하다. 뭐라 말할 수 없는 풍미가 있고, 한 입 베어 물었을 때의 그 식감은 나도 모르게 한숨이 나올 정도로 맛있다.

엄마가 피식 웃었다.

"그럼 알았어. 억지로 먹으러 오지 않아도 돼."

그야 물론 그렇다. 나도 피식 웃는다. 햇살이 비치는 거실은 따뜻하고, 구석에 뭉쳐 있는 먼지도 잘 보인다. 엄마의 목소리를 들으면서, 나는 난생처음으로 혼자 떠난 여행을 떠올렸다. 중학교 3학년 때, 아무도 모르게 감행한 여행. 학교에는 가지 않고 신칸센을 탔다. 시즈오카로 오이와케 양갱을 사러 간 것이다. 봄이었고, 그날도 오늘처럼 날씨가 화창했다. 차창으로 멀어지는 도쿄 역 플랫폼을 숨죽이고 쳐다보았다. 불안과 긴장과 기대감, 그리고 내가 훌쩍 어른이 된 듯한 우습고도 달짝지근하고 적극적인 착각.

"여전하다고 해야 할지, 성장하지 않는다고 해야 할지, 참."

정말 그렇다. 과자에 대한 나의 정열은 내가 생각해도 때로 걱정스러울 정도다. 먹고 싶다는 생각이 들면, 어디가 되었든 사러 간다. 먹고 싶은 것이 쓰루야하치만의 이타다키비스킷처럼 얇게 구운 과자 사이에 앙금이 들어 있다─옮긴이나 계란 소면, 아몬드 푸딩 향이 나면서 맛있는 피에도르의 마들렌, 맛도 맛이려니와 정겹고 식감도 부드러운 곤돌라의 파운드케이크 정도라면 몰라도 오카야마 현의 오오테 만주이거나 야마가타 현 야마다야의 완두콩 설탕 절임인 경우에는 사러 가는 것이 웬만한 피크닉이다.

"날씨 참 좋다."

엄마는 강아지를 쓰다듬으면서 얘기하는 것 같았다.

"정말 그러네."

나는 베란다로 나서면서 대답한다. 이제 곧 봄이다. 공기에서 좋은 냄새가 난다.

"또 피크닉이나 갈까."

시즈오카로, 하고 마음속으로 중얼거리자, 오이와케 양갱의 그 식감이 떠올라 나도 모르게 히죽 웃고 말았다.

늘 보던 거울, 늘 보던 가위

 미용실에 갔다.

 미용실이라는 말이 도무지 좋아지지 않지만, 이발소는 분명하게 다른 장소이고, 파마 가게라고 하자니 복고 취향이라 부끄러운 데다 나는 애당초 파마를 하지 않는다. 헤어 살롱이나 뷰티 살롱이라는 말도 있지만, 굉장히 이상한 느낌이라 사용할 수 없다. 그렇다면 남는 것은 미용실과 미장원밖에 없는데, '원'은 왠지 과장스러워 '실'을 사용하고 있다.

 그래서, 그 미용실에 갔다. 미용실이란 참 묘한 장소다. 불과 한두 시간 머물러 있을 뿐인데, 들어설 때와 나설 때의 사람이 전혀 달라진다. 머리 스타일 얘기를 하는 것이 아니다. 정신 상태를 말하는 것이다. 그야말로 사용 전과 사용 후. 미용실에 가면 나는 언제나 장난감 병원을 떠올린다. 망가지고 헌 인형들의, 아주 단순한 수리 공장.

 수리를 끝낸 후, 문을 열고 밖으로 나설 때의 그 개운하고 좋은 기분은 다른 장소에서는 맛볼 수 없다. 일을 비롯해 여러 가지 이유로 초췌해 있을 때조차 미용실에 있는 동안에는 그렇다는 것을 잊어버리―기보다 강 건너 일처럼 멀게 느껴진다―고, 문을 나설 때는 어이없을 정도로 기운이 솟는다. 자신감을 회복하는 것이다. 생각해보면 참 기묘한 일이라 하지 않을 수 없다. 아무리 머리 손질을 했다곤 해도 눈에 띄게 뭐가 바뀌는 것도 아니고, 자신감을 회복했다고 해도 절대 예뻐졌다는 느낌은 아니다.

특히 나 같은 사람은 머리 스타일을 거의 바꾸지 않기 때문에, 미용실에 다녀와봐야 주위 사람들이 별로 알아주지 않는다. 그래도 정성스럽게 머리를 감겨주고, 크레이지 컬러(염색이 되는 것은 아니다)라는 이상한 이름의 트리트먼트(효과는 발군. 머릿결이 매끈매끈해진다)도 발라주고, 머리끝을 모아 천천히 드라이를 해주는 동안―잡지를 읽으면서 커피도 마신다―심신에 기운이 되살아난다. 자신감이 회복되는 것이다, 역시. 게다가 머리도 가벼워진다. 제대로 수리받았다는 느낌. 날씨까지 좋은 낮이면, 정말 뭐라 말할 수 없이 행복하다. 깡충깡충 뛰고 싶어진다.

벌써 십몇 년 동안이나 같은 미용실에 다니고 있다. 도중에 몇 번 다른 곳에 가보았지만, 결국은 원래 미용실로 돌아갔다.

가게의 분위기나 미용사의 기술 때문이기도 하지만, 솔직히 말하면 다른 곳에 가기가 귀찮은 것이다. 미용실만큼, 새로운 가게에 가는 데 에너지가 필요한 장소도 없다. 정말 힘들다.

우선 미용사의 시선. 미용사라 불리는 사람들은 처음 오는 손님을 인정사정없이 바라본다. 얼굴 생김, 머리를 손질한 상태, 옷차림, 취미와 기호. 물론 손님 하나하나의 개성이며 생활을 파악해야 그 손님에게 가장 어울리는 머리 스타일을 찾아낼 수 있겠지만, 아무리 그래도 손님으로서는 '값이 매겨지는' 듯한 기분이 들지 않을 수 없다.

당연히 그 반대 경우도 있다. 손님도 그 후 몇 달 동안의 자기 모습이 달려 있는 이상, 미용사를 의심의 눈초리로 관찰하는데, 그것은 실제로 무례하기 그지없는 시선이다. 세련되지 못한 미용사는 싫지만, 그렇다고 너무 첨단을 걷는 미용사도 곤란하다. 말이 너무 없으면 불안하지만, 그렇다고 너무 붙임성이 좋아도 믿음이 안 가고 성가시다.

게다가 미용실이라는 곳에서는 손님들 사이에도 약간의 긴장감이 감돈다. 옆에 앉은 손님을 힐끔 쳐다보는 여자의 눈초리는 정말 무섭다.

그 모든 것을 수용하지 않고서는 새로운 미용실에 다닐 수 없다.

나는 역시 편한 게 좋다. 늘 보던 거울, 늘 보던 가위, 그리고 익숙한 샴푸 냄새. 시간이 고요하게 흘러간다.

남자들이 불쑥 마음이 동해서 슬리퍼를 끌고 동네 이발소에 갔다가 한 시간쯤 지나 개운한 모습으로 나오는 것을 보면, 때로 부럽다. 예약도 긴장도 필요 없고, 머무는 시간이 짧으면서 요금도 싸다. '이발소'라는 청결한 말도 부럽다.

그럼에도, 그럼에도 살짝 외출하는 기분으로 집을 나서서, 조금은 여분의 시간과 돈을 들여서 '수리'를 받아야 할 필요가 있는 생물도 있다.

새벽녘의 도주

그럴 만한 이유가 있어서, 도쿄 모처에 있는 조그만 호텔에서 하루를 묵었다. 눈에 잘 띄지 않는 장소에 고즈넉하게 서 있고, 1층에 있는 커피숍도 한산해서 두루두루 쾌적한 호텔이었다. 방은 그리 넓지 않지만, 깔끔한 스프레드가 덮여 있는 침대는 넉넉한 더블 사이즈이고, 가장 큰 책상이 있는 방을 주문했는데 주문한 대로 커다란 책상이 창가 바로 앞에 놓여 있었다. 욕실도 넓어서 좋았다.

나는 방 한가운데 서서 생각했다. 지금, 상당히 절박한 상황이다. 코트를 벗어 옷걸이에 걸고, 외출복 바지를 청바지로 갈아입은 후 슬리퍼를 신는다. 그리고 일단 물을 끓여 인스턴트커피를 타 마신다. 아무튼 일을 해야 한다. 나는 책상 앞에 앉아 원고지의 네모 칸을 메우기 위해 애썼다.

잠시 지나자 전화벨이 울렸다.

전화를 건 상대는 그런 곳에서 뭘 하고 있느냐고 화가 난 목소리로 말했다.

"일하는 중이에요."

나는 그렇게만 말하고 전화를 끊은 후, 프런트에 앞으로 전화를 연결하지 말라고 부탁했다. 전화를 건 상대는 화를 낼 만한 이유가 분명하게 있었기에, 나는 켕기는 마음에 방 안을 서성거렸다. 다시 책상 앞에 앉기는 했는데, 사태를 냉정하게 직시하려 하자 마음이 어지러워 어쩔 줄을 모르겠다. 연필을 꼭 쥔 채로, 멍하니 창밖을 바라본다. 해거름의 어둠 속에서 로손의 파란 간판과, 유리 너머로 하얗게 빛이 번진 밝은 안이 보였다.

산책을 하러 나가자. 그렇게 생각했다. 나는 의자에서 일어나 슬리퍼를 벗고 구두를 신었다. 가는 곳은 물론 로손이다. 바로 코앞이라 탈출에 부수되는 죄책감은 조금만 느껴도 된다. 나는 지갑과 방 열쇠만 주머니에 넣고서 황급하게 호텔을 나섰다.

언제 어떤 때이든 산책은 좋다. 바깥 공기를 마시면 제정신이 든다. 나는 성큼성큼, 천천히 걸었다.

호텔 옆 건물에 깜찍한 소품 가게가 있었다. 쇼윈도를 통해 모자와 문구류, 액세서리와 식기가 진열된 게 보인다. 이런 가게는 겨울날의 해 저물녘에 참 잘 어울린다. 뽀얗게 새어 나오는 따뜻한 불빛에 빨려 들어가듯 슬렁슬렁 다가가, 그만 문을 열고 만다. 게다가 왜 그런지 이런 가게는 멀리 떠나 있는 듯한 기분이 들게 한다. 나는 그곳에서 조그맣고 까만 장갑을 샀다.

로손에서는 볶음 우동과 푸딩을 샀다. 호텔로 돌아와 텔레비전을 켜고 스모를 보면서 이른 저녁을 먹었다. 시계 보기가 점점 겁이 난다. 긴장이 풀리면 반성하게 될 것만 같다. 하지만 지금은 반성할 때가 아니라고 스스로에게 말한다. 일단 반성을 하게 되면 끝이다. 자업자득이라고는 하나 끝없는 우울이 찾아올 게 뻔하다. 인생에는 헤치고 나아가는 길밖에 없는 때도 있다.

도어 벨이 울렸다.

"나, 왔어."

그렇게 말한 사람은 동생이었다. 나는 체인을 풀기가 무섭게 문을 활짝 열었고, 우리는 서로를 꼭 껴안았다. 꺄악꺄악 소리를 지르면서.

동생은, 친구와 이 근처에서 밥을 먹은 참이라 돌아가는 길에 잘 있는지 보려고 들렀다고 한다. 새 부츠를 신고 있었다.

몹시 난처하게 되었다고 한심한 표정으로 칭얼거렸더니, 기운 나게 노래를 부르자고 한다. 〈백설공주의 노래〉(아동용 레코드에 실려 있는 노래다. 동생이 어렸을 때 애청했다)와 〈갖가지 인생〉(이건 기운 내고 싶을 때 부르는 노래다)을 부른다.

동생은 한 시간쯤 있다가 돌아갔다. 동생이 손을 흔들며 엘리베이터를 타고 나자, 문이 닫히고 나만 복도에 덩그러니 남았다.

터벅터벅 방으로 돌아와 여섯 시간 정도 일을 했다. 인스턴트 녹차를 마시면서.

커튼 사이로 보이는 로손에는 밤새 사람들이 들락거렸다.

또 그럴 만한 이유가 있어, 날이 밝자 나는 그 호텔을 뒤로했다. 지금까지의 인생에서 세 번째인 새벽녘의 택시 탈주였다. 첫 번째(워싱턴 D.C.에서)와 두 번째(우에노에서) 때 기억이 되살아난다. 인생, 갖가지 일이 있다.

도망쳐. 필요하다면. 나는 격언을 날조한다. 텅 빈 도로를 신나게 달리는 택시의 창문 너머로 희붐하게 밝아오는 하늘을 올려다보았다.

엄마에게는 비밀

얼마 전에 일 때문에 가나자와에 갔다가 돌아오는 길이었다. 기차를 기다리는 동안 역 건물 안에 있는 기념품 가게에서 기름종이를 샀다. '그 옛날, 성주의 아내나 가가번 성주의 시녀들이 피부를 구슬처럼 매끄럽게 가꾸기 위해 늘 애용'했다는 '최고급 화장지'다. 조그만 책 모양의 기름종이 표지 뒤에는 '금박을 펴는 가가번의 전통적인 수법으로 만들어 더욱 부드럽고 매끄럽게 완성되었으며, 달리 그 예가 없는 최고급 종이'라고 쓰여 있었다.

실제로 사용해보니, 과연 부드럽고 매끄러운 데다 얼굴의 기름도 쏙쏙 빨아들인다. 나는 기뻤다. 기쁠 때는 늘 그렇듯, 별일도 없는데 몇 번이나 써보았다. 책상 서랍에 넣어두고서, 일하면서 네다섯 시간 간격으로. 마침 마감 날짜가 다가온 원고들이 많아 며칠 밤을 새운 탓도 있고 해서, 깊은 밤에 생각났다 하면 얼굴을 닦았다.

그러다 어렸을 때 일이 떠올랐다.

툭하면 아빠 서재에 놀러 갔을 시절이다. 아빠의 책상 서랍에는 온갖 잡다한 것들이—어떤 상처도 금방 낫게 한다는 중국 약, 종이 몇 장을 금방 책으로 변신시키는 송곳과 철끈, 뒤집으면 금발 미녀의 비키니가 스르륵 벗겨지는 오프너 등—들어 있어서, 어린 나는 난처한 일이 생길 때는 아빠 서재에 가면 된다고 믿었다. 아빠 서랍에는 기름종이도 들어 있었다.

"그거, 어디다 쓰는 거야?"

내가 묻자 아빠는 한 장을 뜯어내고서 안경을 벗었다.

"이거? 이건 이렇게, 이렇게."

아빠가 그렇게 말하면서 이마와 콧잔등을 꾹꾹 누르자 종이가 투명하게 변했다.

"와!"

내 눈이 휘둥그레졌다.

"너도 해보련?"

아빠가 너그럽게 나도 해보게 해주었지만, 아무리 누르고 비벼대도 종이는 구겨지기만 할 뿐 투명해지지 않았다.

"흐음. 아이라 아직 기름이 안 생기는가 보구나."

나는 무척 실망했다. 풀이 죽은 내게 아빠는 자랑스럽게 말했다.

"아빠는 아직도 나오는데."

다시 안경을 벗더니, 두 번째 종이도 보란 듯이 투명하게 만들었다.

"좋겠다, 아빠는 좋겠다."

나는 몇 번이나 그렇게 말했다.

"좋겠다, 아빠는. 기름이 많이 나와서."

정말 부러웠다.

"좋은 거 하나 가르쳐주지."

아빠가 말했다.

"오늘 밤에는 목욕을 하지 않는 거야. 세수도 하지 말고. 그리고 내일 아침에도 세수하지 말고 다시 아빠 서재로 와봐."

기대에 가슴이 부푼 나는 진짜로 고개를 끄덕였다. 서재에서 나가려는 내게 아빠가 또 이렇게 말했던 기억이 난다.

"세수하지 않는 거, 엄마에게는 비밀이다."

다음 날, 나는 설레기보다는 조금 긴장한 기분으로 서재에 갔다. 이번에는 그 종이를 투명하게 만들 수 있을까. 당연히 세수는 하지 않았다.

종이는 아주 희미하게 색이 변한 것처럼 보였다. 나는 열심히 얼굴을 닦았다. 몇 번이나, 쓱쓱 쓱쓱. 아빠가 피식 웃으면서 위로하듯이 말했다.

"이제 그만해. 기다리다 보면 기름이 나올 때가 올 거야."

그리고 이십몇 년이 지났다. 이번에는 내가 피식 웃을 차례다. 참 이상한 것을 다 부러워했다 싶다. 기름종이뿐만 아니라, '샤방샤방한 피부'를 광고 문구로 하는 로션과 파운데이션은 물론이요, 온갖 화장품을 사용해 기름기 없는 얼굴을 만들려고 애쓰는 날이 올 줄이야, 그때는 상상도 하지 못했다.

나는 깊은 밤 서재에 앉아 '최고급 화장지'를 쓰면서, "아빠는 아직도 나오는데" 하면서 안경을 벗던 아빠의 그 재미있어하는 표정을 떠올리고 있다.

애틋한 기분

 공기가 부드럽고 따스한 애잔한 저녁, 화장도 하지 않은 모습으로 슬렁슬렁 걸으면서 나는 내 마음의 질감이 이 저녁과 똑같다는 것을 느꼈다. 어떤 질감인가 하면, 애매모호하고 헛헛하고 나른하고. 슈퍼마켓에서 장을 본 후에(장도 대충 보았다. 남편의 저녁거리로 팩에 담긴 장어구이 덮밥과 감자 샐러드를 산 정도), 늘 다니는 오솔길 펜스에 걸터앉아 잎 돋은 벚나무를 올려다보았다.

 아침부터 좀 이상했다. 슬픈 것은 아니다. 우울한 것도 아니다. 다만 묘하게 기분이 가라앉는다.

 주택가를 가로지르는 오솔길은 무척 조용했다. 강아지를 데리고 산책하는 사람 외에는 오가는 사람도 거의 없다.

 이거야, 동생바보 꼴이다.

 해가 꽤나 길어져, 6시가 넘었는데도 파랗고 밝은 하늘을 보면서 나는 생각했다. 동생바보. 오늘이 동생의 생일인 것이다.

동생과는 어제도 만났다. 마침 일요일이어서 남편과 같이 찾아가, 꽃다발과 초콜릿 등등의 선물을 주고 샴페인까지 마시고 왔다.

스물다섯이라.

감개가 무량하다. 콩알 인형처럼 조그마한데 스물다섯 살이라니.

나만 그런 게 아니라 아빠와 엄마도, 동생을 아주 작은 어린애라고 생각하는 경향이 있다. 우리 집의 경우, 집안에서 동생이 가장 판단력이 정확하고 암산도 빠르며 견실한 직업을 갖고 있다는 사실과 그녀가 어린애라는 것은 전혀 모순되지 않는다. 우리 가족에게는. 그러니까 아빠는 매일 아침 그녀를 배웅하며 "오늘도 회사에 가느냐, 참 대견하구나" 하고 감탄스럽다는 듯이 말하고, 엄마는 백팩을 멘 그녀의 뒷모습이 귀엽다고 야단을 떨다 못해 마치 입학식에 가는 어린애라도 되는 것처럼 현관 앞에서 사진을 찍으려 하는 것이다.

스물다섯 살이라.

그 숫자와 동생은 조금도 어울리지 않는다. 스물다섯 살이라니, 어엿한 어른같이 들리지 않는가. 아침부터 침울했던 것은 그 탓이다.

나는 슈퍼마켓의 하얀 비닐 주머니에서 빵을 꺼내 먹는다.

조금씩 뜯어서, 천천히. 나는 바깥에서 뭔가 먹는 것을 좋아한다. 강아지를 데리고 산책하는 아저씨 아줌마가 힐긋거려도 신경 쓰지 않는다. 빵은 조금 달달하고 맛있다. 고소한 향도 난다.

근처에서 어린애 소리가 났다.

보니 열 살쯤 된 남자아이와 동생인 듯한 여자아이가 이쪽으로 오고 있었다. 남자아이는 롤러스케이트를 신고 있었다.

"잘 탄다. 오빠, 진짜 잘 탄다."

남자아이의 움직임은 롤러스케이트를 탄다기보다 걷는 것에 가까웠다. 그 삐뚤빼뚤한 걸음이 멀리서 보기에도 위태로운데, 여자아이는 옆에서 열심히 칭찬하고 있다.

나와 그들과의 거리는 아주 천천히 좁혀진다. 나는 빵을 손에 든 채 처음에는 땅을, 그다음에는 주변의 나무와 하늘을, 그리고 가까이에 있는 집과 멀리 있는 소방서 건물을 바라보았다. 왠지 모르게 기분이 갑자기 뒤숭숭해졌는데, 그 자리를 떠나고 싶지는 않았다.

아이들은 오른쪽에서 오솔길을 따라 똑바로 와서는 내 뒤를 지나 왼쪽으로 역시 똑바로 사라졌다. 드르륵 드르륵 바퀴 소리가 난다.

이 부근의 집들은 그렇게 크지는 않아도 예스러운 풍취가 있어, 처마 아래 화분들을 많이 키우고 있다. 장미, 모란, 광나무 꽃, 큰꽃으아리, 연미붓꽃, 범부채, 그 밖의 이름 모를 갖가지 식물.

나는 그 저녁 공기 속에서, 물끄러미 앞을 향한 채 등에 신경을 집중시켰다.

"잘 탄다. 오빠, 진짜 잘 탄다."

드르륵 드르륵, 롤러 바퀴가 아스팔트 위를 구르는 소리. 남자아이는 한 마디도 하지 않는다.

나는 무척이나 서글퍼졌다.

아이들이 저 멀리로 가버릴 때까지, 나는 그 자리에 덩그러니 앉아 있었다. 다음에 동생을 만나면 저 아이들 얘기를 해야지. 일어나 집으로 걸어가면서, 그렇게 생각했다.

바다!

 바다에 갔다.

 나는 어렸을 때부터 바다를 그다지 좋아하지 않는다. 칙칙하고 묵직하고 음울한 공기, 발가락 사이에 끼는 모래, 그리고 끈적거리는 바람이 싫었다. 그래서 소설이나 영화 속에서 등장인물이 무슨 일이 있었다 하면 바다에 가고 싶어 하는 것을 줄곧 이상하게 여겼다.

 그런데, 갔다. 갑자기 바다가 보고 싶어진 것이다. 처음 겪는 기분이라, 나는 당황했다. 우선 어디에 가면 바다가 있는지를 모른다. 물론 막연하게는 안다. 나리타 공항에 가는 도중 어딘가에서 커브를 돌면 도로 오른쪽으로 바다가 보인다. 가본 적은 없지만 긴자에서 좀 더 가도 바다가 있다고 들었다. 요코하마는 몇 번 간 적이 있고 바다가 있는 장소도 알고 있다. 하지만 내가 보고 싶은 바다는 높은 지대에서―아니면 거대한 관람차에서―바라봐야 되는 곳이 아니라, 모래사장을 걸을 수

있는 바다, 여름이 오면 해변에 파라솔이 서는 바다였다.

그렇다면 지바로군.

별 대단한 근거는 없었지만, 그렇게 생각했다. 그래서 지바에 사는 친구 두 명에게 전화를 걸어 조언을 얻으려 했더니, 둘 다 집에 없었다. 말이 지바지, 넓은 곳이다. 어느 전철을 타고 어느 역에서 내려 어디로 걸어가면 되는지, 그걸 모르면 아무 데도 갈 수 없다. 게다가 시간은 벌써 밤 10시가 넘었다.

나는 어떻게든 기억을 더듬어 실마리를 찾았다. 내가 기억하는 바다는 시즈오카 현 미호의 마쓰바라, 어렸을 때 할아버지 할머니와 엄마 아빠를 따라 가곤 했다(하지만 지금 가기에는 너무 멀다). 4, 5년 전에 누가 맛있는 참치 회를 먹으러 가자고 해서 갔던 가게도 바다 옆에 있었다. 그런데 거기가 어디였는지 전혀 기억나지 않는다.

나는 자신의 한심함에 어이가 없었다. 소설이나 영화라면, 바다에 가고 싶다고 중얼거린 다음 순간, 바다에 있든지 또는 적어도 바다로 가는 차 속에 있을 텐데.

도무지 어쩔 방법이 없는데, 바다에 가고 싶고, 그것도 밤바다면 좋겠고, 어떻게든 바닷바람을 쐬고 싶은 심정은 절실했다. 더 늦어지면 무섭겠다는 생각에 나는 아무튼 택시를 불렀다.

택시를 타고 제일 가까운 JR역인 메구로 역에 갔다. 그다음

야마노테 선을 타고 도쿄 역으로 가자 싶었다. 도쿄 역에 가면 틀림없이 딱 맞는 전철이 있을 거라고 생각한 것이다. 그게 어디로 가는 전철이든.

역무원에게 물어보았다. 택시를 타고 가는 동안, 안자이 미즈마루 씨의 소설에 등장하는 지쿠라 바다가 지바 현이었던 것 같은 기억이 떠올라, 지쿠라에 가고 싶다고 말했다. 지쿠라는 아주 먼 데다 이미 전철이 끊겼다는 것을 알았다. 모래사장이 있는 바다면 어디든 상관없다고 다시 말하자, 역무원이 게이요 선을 권했다. 마쿠하리와 게미가와, 이나게에도 해안이 있다고 한다.

그래서 막 떠나려는 게이요 선에 올라탔다. 아슬아슬했다. 11시 4분발인데, 야마노테 선 플랫폼에서 한참이나 떨어져 있었다. 그 거리가, 멀리로 떠난다, 가본 적 없는 장소에 간다는 흥분감과 불안감을 부채질했다.

"지금 가면 돌아오는 전철은 없습니다."

역무원이 그렇게 가르쳐주었지만, 여기까지 와서 되돌아갈 기분은 아니었고 근처에 반드시 호텔이나 민박이 있을 테니 별문제 없을 것이라고 생각했다.

밤의 전철은 정말 멋졌다.

이렇게 훌쩍 떠나는 게 얼마 만인지. 얼마 전까지만 해도 충동적으로 여행을 떠나는 일이 비교적 잦았다. 결혼하고서 요즘은 얌전히 지내고 있지만, 일직선으로 앞으로 나아갈 뿐인 (당연하지만) 전철의 움직임과 같은 속도와 같은 힘으로 해방되어가는 느낌이었다.

이나게 해안이라는 역에서 내렸다. 도쿄 역에서 610엔. 12시가 되기 전에 다시 택시를 탔다.

낯선 거리에서 타는 택시도 역시 멋지다. 그런데 해안으로 가자고 하니 "공원 말이죠?" 한다. 아니, 해안으로 가자고 했더니 운전기사가 이상하다는 표정을 지었다. 해안이 바로 공원이란다. 언덕에서 바라보는 바다가 아니라, 모래사장을 걸을 수 있는 바다에 가고 싶다고 설명하니, 그렇다면 요트 하버Yacht Harbor가 좋겠다기에 그곳으로 가달라고 했다.

말이 나온 김에 "이 부근에 묵을 곳이 있나요?" 하고 물었다. 운전기사는 잠시 머뭇거리더니, 없다고 대답했다. 나는 놀라서, "한 군데도요? 민박도 없어요?" 하고 재차 물었다. 운전기사는 "마쿠하리까지 가면 아주 많죠, 그래도 사전에 예약을 해야 묵을 수 있을 겁니다." 하고 답해주었다.

금방 바다에 도착했다.

"스물네 시간 영업하는 패밀리 레스토랑도 없을까요?"

택시 값을 내면서 물으니, 14번 국도 변에 있기는 한데 걸어

가려면 멀단다. 운전기사가 여기서 기다려주겠다는데, 미안했지만 사양하는 것도 무모한 일이라 그렇게 해달라고 했다.

택시 문이 열렸다. 역에 도착했을 때부터 풍기던 바다 냄새가 어둠의 냄새에 섞여 무척 짙었다.

바다!

택시에서 내려선 채로 나는 한동안 기쁨에 젖었다. 그곳은 콘크리트 바닥과 모래가 적절하게 섞여 있는 해변 공원으로, 요트도 많고 줄지은 돛이 신비스러운 아름다운 장소였다. 바다 쪽으로 나 있는 좁은 콘크리트 길을 따라 두 번을 오갔다. 길 끝에 서니 기분이 정말 상쾌했다.

나는 만족했다. 14번 국도 변에 있다는 패밀리 레스토랑에 가면 커피를 마셔야지, 하고 생각했다. 돌아보니, 어둠 속에 택시가 서 있었다.

그냥 라면

 라디오 프로그램의 게스트로 초대되어, 요코하마에 있는 방송국에 갔다. 바다와 다리와 관람차가 보이는 장소에 있는 예쁜 새 스튜디오였다. 부슬부슬 내리는 비도 좋았지만 신기하게 공기가 맑아서, 로비의 유리창 너머로 바다 건너 멀리 보소반도까지 보였다.
 "곡은, 가지고 오셨나요?"
 인사가 끝나자 젊은 디렉터가 물었다. 그 프로그램에서는 얘기하는 사이사이에 게스트가 좋아하는 곡을 네다섯 곡 틀어준다. 사전에 전화상으로 CD나 테이프를 가져오라는 말을 들었던 나는 당당하게 "네" 하고 대답하고서 가방에서 CD를 대여섯 장 꺼냈다. 음악을 좋아하기 때문에, 계절 감각까지 고려해 이것저것 들고 온 것이다.
 모두 앨범이어서, 나는 그중에서 어떤 곡을 틀어주었으면 하는지 설명했다.

"이건 여섯 번째 트랙의 〈Ferris Wheel이 있는 거리〉를."

디렉터는 아무 표정 없이 고개만 끄덕거렸다.

"이것도 여섯 번째 트랙의 〈Heading West〉. 굉장히 좋은 곡이에요. 격정적이고."

디렉터는 그저 내 말을 듣기만 하고 있다. 〈Heading West〉 말이죠, 하고 확인하지도 표시를 해두지도 않는다. 내가 괜한 말을 하고 있는 것은 아닌지 싶은 생각에 나는 단박에 그 자리가 어색해졌다.

"이건, 어느 곡이었더라. 곡이 다 좋으니까 어느 곡이든 상관없어요."

횡설수설 그렇게 말하자, 디렉터는 "아, 그래요" 하고는 그 CD를 먼저 건넨 CD 두 장 위에 쌓았다.

'어느 곡이든 상관없다'는 말은 본론을 꺼내기 위해 슬쩍 운을 뗀 것일 뿐, 사실은 〈안녕이 들리는 비〉를 꼭 틀어주었으면 했다. 물론 그렇게 운을 뗀 내가 잘못이다.

내 실수에 당황한 나는 나머지 CD에 관해서도 "아, 그것도 어느 곡이든 괜찮아요, 다 좋아하는 곡이니까" 하고 마치 비위를 맞추려는 것처럼 양보하고는 맥없이 웃고 말았다.

이거 그거하고 똑같네, 하고 생각했다.

그거란 우리 집에서 차로 15분 정도 거리에 있는 라면 가게.

평판이 자자한 가게라서 언제 가도 사람들이 길게 늘어서 있다. 손님 각자가 먹고 싶은 대로 주문할 수 있는 시스템이다. 추가하고 싶은 사리나, 면을 삶는 정도, 국물의 기름기 등.

그런데 아무튼 언제나 북적북적, 가게 밖은 물론 안에도 손님들이 줄 서 있다. 가게 안에 줄 서 있을 때, 그러니까 카운터 자리에 앉아 라면을 후르륵 먹고 있는 사람들 뒤에 숙제를 해오지 않아 벌 서는 아이들처럼 한 줄로 죽 서서 기다릴 때, 점원이 손님 하나하나에게 주문을 받는다.

라면이나 된장 라면이라고 간단하게 주문하는 사람은 별로 없다. 거의 대부분이 별도의 주문을 붙이는 것 같다.

"차슈면. 면은 꼬들꼬들하게, 숙주 넣어서."

"라면 곱빼기, 계란 추가. 국물은 기름기 없게."

이렇게 써놓고 보면 간단한데, 말해야 할 때가 되면 정작 입이 떨어지지 않는다. 가령 오늘이야말로 꼬들꼬들한 탄탄면을 기름기 없는 국물에 먹어야지, 생각하면서도(그것도 집을 나설 때부터 몇 번이나 생각한다), 막상 때가 되면 기가 죽어서 기껏해야 "탄탄면"이라고 말한다. 아니 실제로는 "라면"이라고 말해버린다.

서둘러야 한다고 생각하는 탓인지도 모르겠다. 나는 옛날부터 서두르는 것을 싫어했다. 그리고 또 점원이 주문을 외우는 탓도 있다고 생각한다. 주문 내용을 메모하지 않고 그 자리에서 바로바로 외운다. 괜한 소리를 해서 속도가 흐트러지면 처음부터 다시 주문을 받는 건 아닐까 싶을 만큼 긴박한 표정으로 주문을 받는다.

먹고 싶었던 라면이 아닌 라면을 먹으면서 나는 늘, 며칠 있다 다시 와서 그때는 꼭 먹고 싶은 걸 주문할 거야, 하고 결심하는데, 생각해보면 나는 이 가게 라면이 몇 번이나 와서 먹을 정도로 맛있다고는 전혀 생각지 않는다. 그게 어떤 라면이 되었든.

에고고.

환영이 아니다

우리 집 근처에 좀 이상한 그라운드가 있다. 녹색 철망으로 빙 둘러싸여 있고 야간 경기용 조명도 있는데, 잡초가 무성해서 무슨 경기를 위한 곳인지 모르겠다. 게다가 언제나 사람 하나 없다.

한번은 그곳에서 철망 빠져나오기 연습을 하는 참새를 봤다. 다들 믿지 않는데, 정말 봤다.

밤을 새우고 난 일요일 아침, 그래도 햇살이 비쳤으니까 7시 정도는 되었을 것이다. 산책을 하면서 그라운드 옆을 지나는데 참새 한 마리가 철망에 앉아 있었다. 철망의 한 칸은 네 귀퉁이가 둥그스름한 마름모 꼴로, 참새가 그 칸 하나에 몸을 절반쯤 집어넣고 있어 나는 처음에는 철망에 끼인 줄 알았다. 전에 다른 장소에서 철망의 끊어진 틈에 끼여 꼼짝도 못 하는 다람쥐를 본 적이 있기 때문이다. 다가가자 겁을 먹고 버둥거리는 바람에, 끊어진 철망이 점점 더 몸을 파고들어 어떻게 구해

줄 수가 없었다. 결국 그때는 경찰에게 연락해 도움을 청했다.

그런데 참새는 끼인 것이 아닌 듯했다. 놀라우리만큼 유연하게 몸을 이쪽으로 쏙 빼더니 그 언저리를 잠시 날아다니다가 다시 철망에 앉아 몸의 절반을 쏘옥 들이밀었다. 그러고는 그 이상 움직일 수 없다는 것을 알고는 또다시 이쪽으로 몸을 빼냈다. 나는 거기에 멀거니 서서, 그 동작을 되풀이하는 참새를 바라보았다.

그러다 갑자기 참새가 다른 동작을 보였다. 철망에 앉아 있는 대신 도움닫기(도움 날기)를 하더니 그대로 마름모 꼴 안으로 날아 들어간 것이다. 보란 듯이 이쪽에서 철망의 마름모 칸을 휙 지나 저쪽으로 날았다.

정말 유쾌한 순간이었다. 참새는 가파르게 날아올라 그라운드 안을 신 나게 날아다녔다. 나는 개운한 기분으로 집에 돌아왔다.

그리고 바로 얼마 전에는 이런 일이 있었다.

밤에 그라운드 옆을 지나가는데, 투둑 투둑 하는 커다란 소리가 들렸다. 놀라 걸음을 멈췄다. 소리는 몇 번이나 계속되었다. 투둑 투둑, 투둑 투둑. 날벌레가 조명에 부딪히는 소리인 것을 아는 데 몇 초 걸렸다. 조명은 하얀 빛이 감도는 보라색이고, 아주 높은 곳에 있어서 눈을 찡그리고 보아도 날벌레의 모습은 보이지 않았다. 꽤나 큰 소리였다.

그런 데다 무성한 잡초들. 나는 포기하고서 철망 너머로 높이 자란 잡초를 바라보았다. 오랜만에 지나는 길이었다. 손질하는 사람이 아무도 없는 것일까. 거의 내 가슴 높이까지 자란 잡초들이 철망 사이를 뚫고 길까지 뻗어 나와 살랑거리고 있었다. 밤의 공기 속에서 선명한 초록색이 숨 막힐 정도로 싱그러웠다.

그 잡초투성이 그라운드에서 사람 셋이 럭비를 하고 있었다. 유니폼까지 제대로 갖춰 입고 있다. 빨간 바탕에 줄무늬가 있는 셔츠와 짧은 바지. 다부진 체구, 그러나 그리 젊지는 않은─잘 봐줘도 노인이라 하지 않을 수 없다─남자들이었다. 공을 껴안고서 몸을 구부린 자세로 후다닥 뛰어가서는 쓰러진다. 저래도 괜찮을까 싶을 정도로 세게 쓰러진다. 그러고는 다시 일어나 또 뛰고, 또 쓰러진다. 셋이서 몸싸움을 벌이기도 하고.

참 묘한 광경이었다.

셋 중에 두 사람은 수염을 길렀다. 날벌레들이 부딪히는 보라색 조명도 있지만, 바로 옆에 가로등도 몇 개나 있는 데다 보름달까지 뜬 밤이어서 그라운드는 무척 밝았다.

너무 기웃거리면 실례가 될 텐데, 공과금을 내러 편의점에 가려던 것도 까맣게 잊은 채 멀거니 바라보고 말았다. 길 건너편에는 하얀 꽃잎 테두리가 노랗게 시들어가는 치자 꽃이 달짝지근한 짙은 향을 풍기고 있었다.

"쓰러지는 연습을 해? 그런 잡초 더미 속에서? 그것도 할아버지들이?"

집에 돌아와 보고하자, 남편은 의심스럽다는 듯이 눈이 휘둥그레져서는 "또 환영幻影을 본 거 아니야?" 하고 말했다. 참새 건도 믿지 않는 것이다.

"가서 자기 눈으로 보면 되잖아."

나는 그렇게 말했지만, 귀찮은 일은 딱 질색인 남편은 엉덩이를 들지 않는다.

"빨리, 진짜라니까. 그렇게 의심만 하니 섭섭하네."

억지로 끌고서 가보았지만, 불빛이 훤한 그라운드에는 잡초밖에 없었다.

그 후에도 산책하는 길에 몇 번을 지났지만, 참새도 노인들도 볼 수 없었다. 달짝지근한 향을 풍기던 치자 꽃은 다 지고 말았다.

너무 닦았어

 어제 치과에 다녀왔다. 모레도 가야 한다. 나는 이가 무척 약하다. 충치 때문에 늘 몸살을 앓는다. 그러니 치과에 다니는 것은 생활의 일부다. 몇 달을 다녀 일단 치료가 끝났는데도 의사는 절대 이제 끝났다는 말을 하지 않는다. 이번에는 이 정도로 해두죠, 라고 말한다. 이번에는 이 정도로 해두죠. 두세 달 후에 다시 오세요.

 그리고 세 달 후, 내 입속을 들여다보며 의사는 또 감탄한다.

 "아이쿠, 여기도 썩었군요. 여기도. 이런이런, 이건 옆이 썩었고. 거 참, 대단합니다."

 ……대단할 게 따로 있죠.

 아무튼 나는 초등학교 3학년 때부터 그 치과에 다니고 있다.

 십몇 년 전에 치과는 내부 공사를 했다. 주상 빌딩의 5층에 있었는데, 실내 인테리어를 깔끔하게 새로 한 것이다. 저녁을 먹으면서 그 얘기를 했더니, 아빠는 이렇게 말했다.

"흠. 기둥 하나쯤은 내가 세웠다고 보면 되겠구나."

딸내미 이 치료를 하는 비용으로, 라는 뜻이다. 그 후 내 힘으로 치료비를 내게 되면서 아빠 말이 꼭 농담은 아니었겠다는 생각이 들었다. 공사 전의 치과에는 창문이 있어서, 밖—그래 봐야 건너편 건물의 간판이지만—이 보였다. 지금은 창문 없는 벽에 그림이 걸려 있다.

초등학교와 중학교의 정기 건강 검진 때, 셋이 옆으로 나란히 앉은 하얀 가운 차림의 치과 의사 앞에 줄을 서서 검사를 받았다. 나는 어느 줄에 서도 결과는 마찬가지였다.

"C1, C2, C4, 카리에스, C1."

C는 충치의 단계를 나타내고 숫자가 적을수록 상태가 양호한 것인 듯했다. 카리에스는 무슨 소리인지 모르겠는데, 간혹 그런 말을 들었다.

대체 왜 그렇게 이가 잘 썩는지 모르겠다. 물론 이를 열심히 닦고 있다. 중고등학교 시절에는 학교에 칫솔을 갖다 놓고서도 닦았다. 아빠는 아침에만, 그것도 닦는 둥 마는 둥 하는 정도로 닦았다. '가오리처럼 열심히 닦는데도 충치가 생기니' 닦는 만큼 오히려 손해라는 것이 아빠의 논리였다.

그래도 나는 열심히 닦았다. 충치를 예방하기 위해 내가 할 수 있는 것은 그뿐이었으니까.

그런데도 이 모양이다. 며칠 전에 의사가 내 입속을 들여다보고는 말했다.

"앗, 가오리 씨. 잇몸이 밑으로 내려왔는데요. 이를 너무 세게 닦았어요."

나는 할 말을 잃었다.

치과에 얽힌 추억도 참 많다. 처음에는 지금 의사의 아버지인 '큰선생님'에게 진료를 받았다. 당시 나이 여든에 가까웠던 큰선생님은 중국을 좋아하는, 개성이 강하고 고집스러운 사람이었다. 의료 기술은 훌륭했지만 사소한 일은 개의치 않아 치료 중에 입가가 살짝 찢어지는 일도 잦았다. 입을 크게 벌리려고 막대기 달린 거울로 양 끝을 계속 잡아당기는 통에 그런 것이다. 그런데도 나는 그 선생님과 사이가 좋았다. 간호사들이 '반죽하는' 것이 흥미로워 나도 해보고 싶다고 하자, 선생님은 내게 물에 섞어 반죽하는 노란 가루와 유리판을 주었다. 나도 편지를 써서 건네곤 했다. 나더러 글 쓰는 사람이 될 것이라고 처음 말한 사람도 그 큰선생님이었다.

사자에 씨 전권을 독파한 것도 치과에서의 추억 중 하나다. 옆에 앉은 엄마에게, "배급이 뭐야, 조개탄이 뭐야" 하고 물으면서 읽었다.

이런 일도 있었다.

텔레비전의 다큐 프로그램을 찍기 위해 영국에 갔을 때다. 사륜구동차를 타고 반나절이나 걸려 황야('폭풍의 언덕'을 취재하기 위해서)에 갔다. 차 속에서 점심을 먹고 촬영에 들어갈 예정이었는데, 내 앞니 하나가 뚝 부러졌다. 부드러운 샌드위치 한 입에.

정말 믿기지가 않았다. 조수석에서 나는 부러진 이를 물끄러미 쳐다보고는 사이드 미러 앞에서 입을 벌렸다가 오싹하게 놀랐다. 정말 얼빠진 표정이었다.

촬영은 중지되고, 사륜구동차를 타고 스텝들과 함께 다시 산길을 내려갔다. 모두들 말이 없었다.

이가 좋지 않은 대신 치과 의사는 잘 만날 운명인가 보다. 그때도 친절한 여자 의사가 응급 처치를 정말 잘해주었다. 치과 자체도 위생적이고 편안한 곳이었다.

나중에 알았는데, 부러진 이는 이식한 이였다. 그래서 부러졌는데도 아프지 않았던 것인데, 해 넣은 이라는 것을 몰랐느냐며 모두들 놀랐다. 나를 치료해주는 의사가 명의라는 증거다.

혼자서 찻집을

이제 곧 결혼하는 친구가 약혼자에게 '결혼하면 혼자서 찻집에 안 다녔으면 좋겠다'는 말을 들었다면서 야단을 떨었다. 그 말을 전해들은 나 역시 놀랐다. 그 약혼자 말로 '시골에서는 결혼한 여자가 혼자서 찻집에 드나드는 것을 이상하게 여긴다'는데. 사실의 진위 여부는 둘째 치고, 결혼하는 친구가 찻집을 더없이 좋아하는 데다 혼자 가는 것이 주목적—은 아닐지 몰라도, 아무튼 혼자 가기를 좋아하는—인 터라, 어떻게 하면 좋으냐고 호들갑을 떨었다. 나는 속으로는 그런 결혼 때려치우라고 생각했지만, 말로 하지는 않았다. 결혼이란 어떤 결혼이든 미친 짓이라는 것을 이미 모르지 않기 때문이었다.

나도 찻집을 좋아한다. 대개는 혼자서 간다. 누구랑 같이 가는 것도 나쁘지 않다—아니, 신이 날 때도 있다—하지만 찻집에 가는 것 자체를 즐기기에는 혼자가 훨씬 좋다.

여행도 마찬가지라고 생각한다.

혼자이고 싶은 것이다. 낯선 장소에 덩그러니 혼자 존재하다가, 곧 다시 그곳을 떠나간다는 것. 가령 그 창문과 테이블과 커피 잔이 나 또는 내 생활과는 무관하게 거기에 늘 존재한다는 것. 그 정당함과 그 안도감.

다른 시간의 흐름에 잠시 머무르는 것이리라. 또 그런 곳에서 일하는 사람들은 왠지 소설 속의 등장인물 같다.

좋아하는 찻집 몇 군데를 떠올려보니, 가게의 모습과 커피 맛도 물론 중요하지만 인상이 주로 통풍의 좋고 나쁨에 좌우되는 듯한 느낌이 든다. 환기나 창문이 있고 없고를 얘기하는 것이 아니다. 뭐랄까 분위기 같은 것, 궁합 같은 것. 내 몸에 맞는지 안 맞는지, 그런 것. 바람이 잘 통하는 가게는 피부로 호흡하기도 쉽다.

찻집은 다른 이와 함께 가서 좋을 때도 있다, 고 썼다. 물론 좋아하는 사람과 같이 갈 때를 말한다. 그런 경우, 잘 모르는 찻집이면 대부분 다 괜찮다. 문제는 좋아하는 찻집이다. 좋아하는 데다 늘 혼자 가는 찻집에, 같이 가도 행복한 사람은 그리 많지 않다. 좋아하는 사람이어야 하지만, 좋아한다고 해서 너무 가까운 사람은 또 안 된다.

그렇지 않은가. 나그네가 되기 위해 가는 장소다. 일상을 끌어들일 수는 없다. 그러니 같이 가는 사람도 소설 속 사람 같은 이가 좋다. 마음속에서는 아주 가깝지만, 마음 밖에서는 먼 사람.

결혼해서 한 가지 아쉬운 일은, 그런 찻집에 이제는 남편과 같이 갈 수 없다는 것이다. 친구의 약혼자에게는 혼이 날 소리이지만.

찻집에도 몇 가지 추억이 있다.

막 고등학교를 졸업한 후 따분했던 시간, 좋아했던 찻집의 대리석 카운터. 무더운 날, 팔을 올려놓으면 시원했다. 1980년대 초였다. 물론 '아이스 밀크티'를 주문했다. 언덕길 중간에 있는 반지하 공간이라, 창문으로 여름 거리의 초록과 오가는 사람들의 다리가 보였다.

대학 옆 맨션의 1층에 있었던 색다른 찻집. 남자 혼자서 운영했고, 메뉴에 당시에는 쉬 볼 수 없었던 차이Chai가 있었다. 맛있었다.

처음으로 남자 친구에게 차이던 날의 고슈 도로변에 있는 널찍한 찻집(전화가 와 불려 나왔는데, 차였다). 찻집에서 나오자, 남자 친구는 갓 구입한 화려한 오렌지색 오토바이를 타고 내 인생에서 사라졌다.

소설을 쓰기 시작했을 무렵, 빨갛게 첨삭된 원고를 돌려받으며 터무니없는 소리를 들어야 했던 신주쿠의 좁다란 찻집. 너무 달다는 것을 알면서도 거기에 가면 언제나 주문하게 되는 살구 주스.

그리고 안드리.

옛날에 아빠는 산책할 때면 나와 동생을 곧잘 데리고 나갔다. 안드리는 당시 우리가 살았던 동네의 역 앞에 있던 카페의 이름이다. 벽지는 하얀 바탕에 분홍색 줄무늬이고 테이블은 하얀색인, 고풍스러운 곳이었다. 케이크도 팔고 소프트아이스크림은 테이크아웃만 할 수 있었다.

"안드리에 갈까?"

아빠는 그렇게 말하며 우리를 꼬드겼다. 아빠는 '갈까?'를 '갈깟?'으로 발음했다. 평소에는 점잖게 말하는 아빠가 그런 때는 우리의 흥분을 부추기고 싶어 목소리에 힘을 준 것이다.

서양식에 밝은 안드리, 나와 동생은 뭔가를 먹을 수 있어서가 아니라 그냥 그곳에 간다는 것이 기뻤다. 벌써 20년 전 이야기다. 그 후 안드리는 문을 닫았고, 지금은 그 자리에 카레 가게 나카무라야가 서 있다.

Ⅴ 행복한 기분

오전 내내 잠으로 시간을 보낸다. 비누가 되어 누군가의 손 안에서 미끌미끌 미끄러지는 꿈을 꾸었다. 조금씩 조금씩 녹는 것을 느낄 수 있어, 신기했다.

왜 쓰는가

 낮에는 더워도 밤이 되면 기온이 쑥 내려가 이제 가을이 머지 않았다고 생각하고, 식사 후에 마시는 호지 차가 맛있어 좋다고 생각하면서 나도 모르게 무화과를 두 개나 먹고 있을 때, 왜 쓰는가, 문학에 대한 당신의 자세를 묻고 싶다는 내용의 전화가 오면 정말 뜬금없다. 그냥 질문을 받았을 뿐인데 추궁당하는 기분이 든다. 그런 때는 잘못한 일도 없는데 괜히 당황하고 만다.

 무슨 생각으로 글을 쓰는가, 하고 다그쳐 물으면 어떻게든 그곳에 내 발로 가보고 싶어서, 라고 대답할 수밖에 없다. 좀 더 복잡하게 대답할 수 있으면 좋겠지만, 다른 이유는 생각나지 않는다. 소설을 쓴다는 것은, 내게는 그곳에 가보는 행위 바로 그것이다.

 아무리 짧은 이야기라도, 그 이야기를 쓰는 동안 나는 거기에 혼자 있다. 지금까지 아무도 온 적 없는 곳, 아무도 본 적 없는 풍경. 그 끝없이 넓은 곳에 덩그러니 서 있고 싶어서 쓰는 것이라고 생각한다. 말이 서 있고 싶어서지, 거기에 있는 동안은 그럴 여유조차 없다. 전후좌우가 없어, 안 그래도 방향 감각이 없는 나는 어쩔 줄 몰라 쩔쩔맨다. 솔직히, 빨리 돌아가고 싶은 오직 그 한 마음으로 걷는다. 어쩌다 내가 이런 곳에 왔을까 하고 단박에 후회하지만 이미 때는 늦다. 헤엄도 치지 못하면서 다이빙을 한 꼴이다. 그런데도 나는 내 발로 걷고 내 눈으로 보고 내 손으로 만져본 것만을 쓰고 싶어 그곳에 가보지 않을 수 없다.

남들이 어떻게 보든 그건 상관없이, 나는 언제나 리얼한 것을 쓰고 싶다. 리얼하지 않은 소설은 별 볼 일 없다고 생각한다. 내게 모든 소설은 판타지다. 판타지란 가와이 하야오 씨의 말을 빌리면 '영혼의 현실'이며, 나는 그것을 리얼리티라고 생각한다. 따라서 그것이 '있을 법한 일'이든 아니든, 많은 사람이 그럴 만하다고 고개를 끄덕이든 말든, 그런 것과는 아무런 관계가 없다. 그런 것은 착각(그것도 모두가 한꺼번에 하는 착각)이다. 리얼리티는 보다 개인적인 것이다. 그런 개인적인 진실을 믿을 수 없다면 끝장이다. 달리 믿을 수 있는 것은 없다. 적어도 나는 그렇게 믿고 있다.

문학에 대한 자세를 묻겠다는 소리에, 그런 게 있었나 하고 조심스럽게 돌이켜보다 한 가지 떠오른 것이 바로 그것이었다. 나는 착각과 전제가 하나도 없는 곳에 있고 싶다. 그곳이 제아무리 황량해도 나는 역시 거기에 있고 싶다. 무화과를 다섯 개나 먹어 손이 끈적거리는데, 이 말만은 자신 있게 할 수 있어서 기쁜 초가을 밤이었다.

위화감의 즐거움

　영화를 보는 즐거움의 하나로, 영화관 밖으로 나갔을 때의 위화감이 있다. 어둡고 폐쇄적인 영화관의 객석에서 화면에 몰입하면 할수록 위화감은 크고, 또 독특한 느낌이 상쾌하기까지 하다.

　예를 들면 겨울의 긴자. 영화관에서 나오면 밖은 이미 밤이고, 배기가스와 향수와 활기에 찬 거리 냄새가 난다. 큰 도로에 오가는 차들, 그리고 사람들.

　예를 들면 신주쿠의 뒷골목. 밖은 조금 전까지 보았던 화면의 어둠이나 복잡한 상황과는 대조적으로 화창하고 한가로운 대낮이고, 쓰레기 적치장 옆에는 종이 상자가 놓여 있곤 한다. 상자 속에는 언제나 빈 깡통과 종이컵. 바로 옆에 있는 파친코 가게에서는 시끌시끌한 음악.

　아 그렇지, 하고 생각한다. 오늘은 몇 월의 무슨 요일이고, 지금은 몇 시이고, 나는 여기에 있는 거지. 실망스럽기도 하고 다

행스럽기도 하다. 주위 사람들이 묘하게 보인다. 같은 영화관에서 나온 사람들을 엿본다.

그 동지들 주변에는, 막 보고 나온 영화 속 분위기가 아직도 떠다니고 있다. 그 아우라 같은 것을 거느린 채, 각자 가야 할 방향으로 걸어간다.

나는 일상으로 돌아가는 그 순간을 꽤 좋아하는데, 지금까지 두 번 현실로 바로 돌아가지 못한 적이 있다. 첫 번째는 십몇 년 전, 루이스 부뉴엘 감독의 〈학살의 천사〉를 보았을 때였다. 저녁 만찬에 초대받은 것까지는 좋았는데, 어찌된 영문인지 방에서 나갈 수 없게 된 사람들 이야기로, 신기할 정도로 화면이 매끄러운 흑백 영화였다. 빨려 들어갈 듯이 보고는, 수많은 양들의 뒷모습을 찍은 마지막 장면이 지나자 나도 움직일 수 없을 것만 같은 기분이 들었다. 아주 천천히 일어나 휘청휘청 밖으로 나가기는 했지만, 그 후로 2, 3일 멍한 상태에서 헤어나지 못했다.

두 번째는 비슷한 시기에 동생과 같이 〈수라의 무리〉라는 영화를 봤을 때였다. 이것은 야쿠자 영화로 스가와라 분타, 기타오지 긴야, 쓰루타 고지, 마쓰카타 히로키, 단바 데쓰로, 사카이 와카코 등의 주연과, 조연에도 니시키노 아키라, 하리모토 이사오(장훈), 고바야시 시게루 등 예상외의 스타들이 총동원

되었다. 영화관은 텅 비어 있었고, 영화가 시작되기 전부터 기타지마 사부로의 노래가 왕왕 울렸던 기억이 난다.

아무튼 충격적이었다. 나나 동생이나, 그때껏 영화관에서든 텔레비전으로든 야쿠자 영화를 본 적이 없었다. 단 한 번도. 그러니 전혀 면역력이 없었다. 그 상상을 초월하는 단순한 스토리, '단지'라는 귀에 선 단어.

우리는 그날, 영화를 본 후에 식사를 하고 쇼핑도 할 계획이었는데, 둘 다 별말 없이 무의식중에 그냥 집으로 돌아가고 말았다.

문화 충격이었다. 그 후 멍한 상태에서 벗어나 한동안 야쿠자 놀이에 빠졌는데, 그런 우리를 엄마는 '수라병'이라 불렀다. 지금은 그때가 좀 그립다.

알 여지에 대해서

 직업도 나이도 제각각인 친구들과 2박 3일 일정으로 바다에 갔다. 맑게 갠 날, 한 칸밖에 없는 지역 전철을 탔다. 창문으로 손을 내밀면 바로 닿을 듯 가까이에 있는 나무들과 논. 전철 안에서는 레모네이드를 팔았다.

 모두 오랜만에 만나는 데다 두 번째 날에 합류한 사람들도 있어서 이틀 밤 내내 방에 모여 동이 틀 때까지 얘기를 나눴다.

 평소에는 같은 일을 하는 사람들이나 연령대가 비슷한 사람들이 교우 관계의 중심이기 때문에, 어쩌다 이렇게 전혀 다른 생활권의 사람들을 만나면 정말 재미있다.

 세상에는 내가 모르는 것이 너무 많다는 것을 통감하게 된다. 나는 이 '모르는 것이 너무 많다'는 것을 좋아한다. 애당초 지식이나 상식이 별로 많지 않은 편이지만, 어른이 되다 보면 그렇다는 것을 자각하는 순간마저 줄어든다. 저마다 자기 전문 분야에서 살아가기 때문일 것이다. 그렇지 않더라도 사람들 대부분이 타인의 무지를 굳이 지적하지 않으니 본인은 깨닫지 못한다.

바다에 같이 간 친구 중에 곤충을 좋아하는 남자애가 있었다. 스무 살이 넘었으니 애라고 하기에는 좀 그렇지만, 곤충 얘기만 나왔다 하면 행복해하면서 마치 어린애처럼 자연스럽게 투구벌레를 '투구'라고, 왕잠자리를 '왕'이라고 불렀다.

그와 얘기를 나누다 보니 모두들 자신의 무지(라고 할까 착각)가 본의 아니게 드러나, 신선한 충격에 휩싸이고 말았다.

모기의 바늘은 벌처럼 엉덩이에 있다고 생각했던 사람, 누에는 자신의 무덤을 만들기 위해 고치를 짓고 그 안에서 소리 없이 죽어간다고 생각했던 사람, 자웅동체인 생물은 몸 하나에 두 개의 성기를 지니고 있어 자신이 자신과―쾌감도 두 가지로 느끼면서―교미한다고 믿었던 사람.

몰랐던 사람들은 그 새로운 사실에, 알았던 사람들은 모르는 사람이 있다는 사실에 저마다 감동했다.

친구 중에는 간호사, 시의원, 전자 제품 대리점 직원, 두 살 난 아기까지 있어 조금만 얘기를 나누어도 피차 모르는 것이 산더미처럼 많다는 게 드러났다. 맥주와 매실주와 위스키와 우롱차를 마시면서 우리는 마치 합숙하는 학생들처럼 새로운 지식을 흡수하기에 열을 올렸다. 진짜 시끌시끌했다.

도쿄에 돌아와 보니, 어린이 책 전문 출판사에서 보낸 잡지가 몇 권 배달돼 있었다. 올해 새로 창간된 잡지로, 판형도 크고 색감이 선명한 흥미로운 잡지였다. '말놀이 그림책', '낙서 노트', '종이 공작'이란 코너도 있었다.

가장 마음에 든 것은 '커다란 사진'으로, 말 그대로 잎사귀나 물방울, 연필 등 일상적인 물건을 커다랗고 분명하게 찍은 대형(59cm×85cm) 사진. 아름답고 선명해서 흠뻑 빠져들었다.

그런 사진 중에 '볼트와 너트' 사진이 있었다. 굵은 나사 하나와 조그만 고리 모양이 두 개, 녹은 슬었지만 의연한 모습으로 찍혀 있었다. 뒤에는 그것들이 무수하게, 페이지 한가득 널려 있었다(사진에는 언제나 표면과 이면이 있다).

이게 볼트와 너트구나!

지금까지 볼트와 너트를 모르고 살았다는 것을 발견한 나는 놀라지 않을 수 없었다.

물론 들어본 적은 있다. 소설이나 영화의 대사에서 "볼트와 너트로 고정했다"나 "어이 거기 있는 볼트 하나 집어줘" 하는 식으로. 그러나 흘려 읽고 흘려들어, 무언가를 고치기 위한 공구의 일종이라고 아는 정도였다. 그런 데다 볼트는 그냥 막연하게 드라이버 같은 것이라고 생각했다. 너트는 그 모양조차 상상해본 적이 없었다.

이게 볼트와 너트로구나.

나는 사진을 빤히 쳐다보았다. 그리고 문득 생각했다. 어느 쪽이 볼트이고, 어느 쪽이 너트이지? 그러고는 또, 어느 쪽이 어느 쪽의 이름이든, 이 고리 모양 쇳조각은 대체 어디다 쓰는 것일까?

그 의문은 잡지 편집자를 만나서야 해결되었다. 그런데 볼트와 너트가 같은 것이냐고 묻자, 편집자도 고개를 갸우뚱했다.

"그게……."

그러고는 한참을 말이 없다가, "아마 똑같은 것은 아니겠죠" 하고 애매하게 대답은 했는데, 뭐가 어떻게 다른지는 가르쳐 주지 않았다. 그 정도인 것이다.

그야 물론, 볼트와 너트 정도는 한 살 때부터 알고 있었다는 사람도 있을 것이다. 하지만 서른이 넘어서도 모르는 사람, 평생을 모르다 죽는 사람도 있을 것이다. 세상이란 불가사의함으로 가득하다.

어렸을 때, 캐러멜 사은품에 소년용과 소녀용이 따로 있었고, 그걸 당연하다고 생각했다. 쉬는 시간에도 남학생 여학생 따로 놀았고, 만화는 『소녀 프렌드』와 『소년 점프』, 『소녀 코믹』과 『소년 매거진』이 있었다. 그런 구분은 책을 읽을 때도 그대로 적용되었다.

그 결과 나는 『키다리 아저씨』와 『작은 아씨들』과 『소공녀』, 『알프스 소녀 하이디』는 읽었어도 『보물섬』이나 『15소년 표류기』, 『해저 2만 리』, 『톰 소여의 모험』 등은 한 번도 읽지 않고 어른이 되었다. 볼거리나 수두도 어른이 되어 걸리면 중병이다. 그 모험담들을 처음 읽었을 때의 흥분감이란! 안 읽기를 잘했다고 진심으로 생각했다.

모르는 것이 많다는 것은 바람직한 일이다.

번역의 법칙

 책을 고를 때의 감은 참 신기하다.

 제목이나 표지의 느낌, 책등이 각이 졌는지 둥그스름한지, 글자의 간격과 활자의 종류, 종이의 색감, 냄새, 감촉. 서점 책꽂이에 아무리 책이 많이 꽂혀 있어도 내 손과 기분에 딱 맞춘 것처럼 감기는 책은 당연히 한정되어 있고, 그런 책들은 보면 금방 알 수 있다. 책이 지닌 '기적' 같은 것.

 하지만 생각해보면 그것은 경험에서 나오는 '감'일 것이다. 비눗방울 놀이와 소꿉장난을 좋아하고, 책이란 '자기 전에 엄마가 읽어주는 것'이었던 시절에는, 엄마가 서점에 데리고 가서 읽고 싶은 책을 무엇이든 고르라고 해도, 책꽂이 앞에 멍하니 서서 뭘 골라야 할지 몰랐다.

 그러다 책을 즐겨 읽게 되었고 예의 감도 조금씩 키워갔지만, 그 무렵 내 허접스러운 감보다 훨씬 신뢰할 수 있는 하나의 법칙이 있었다.

책등에 '이시이 모모코 옮김'이라 쓰여 있는 책은 재미있다, 는 법칙이다. 예외가 없었다.

좋은 책은 좋은 번역자를 알아보는 법이다. 그 후로 나는 그렇게 믿고 있다. 정말 이시이 씨가 번역한 책은 하나같이 재미있고, 번역자의 문체―몇 줄 읽으면 금방 알 수 있다―이면서 동시에 각 작가의 개성이 듬뿍 배어 있는 번역문이라, 읽을 때마다 매번 감탄하게 된다. 무엇보다 매력적인 것은 이시이 씨가 지닌 일본어의 다양함, 풍요로움이다. 일본어가 이렇게 아름다운 언어로구나 싶어 마음까지 행복해진다.

어른이 되어 번역의 어려움과 즐거움을 동시에 몸으로 알고 있는데, 최근 그림책을 또 세 권 연속해서 번역했다. 세 권 다 귀여운 책이라, 한눈에 마음에 들어서 번역했다. 좋은 책은 좋은 번역자를 (대개의 경우) 알아보고, 그렇지 않은 경우에는 좋은 번역자를 (끈질기게) 키워낸다고 멋대로 믿으면서.

영혼을 뒤흔드는 멜로디

우선 〈스위트 캔디〉.

이 노래를 처음 들었을 때, 정말 좋은 러브 송이라고 생각했다. 촌스럽고 따분하고, 숨 막힐 정도로 행복하고, 레게 송처럼 경쾌하고, 흐물흐물 녹아버릴 것 같다고. 깜짝 놀랐다. 그렇게 단순한 러브 송은 들어본 적이 없었다(지금까지도 달리 들어본 적이 없다). 한 번 듣고는 외워버렸고, 그 후로 며칠 동안이나 나는 이 노래를 흥얼거렸다.

가이 요시히로의 러브 송을 좋아한다.

어떤 노래든 다 좋아한다. 불행의 냄새가 풍기든 평온하든 폼 나든 애절하든 감상적이든 하드하든 소박하든 격정적이든.

아마 목소리 때문일 것이다. 언제나 꾸밈이 없는 가이 씨의 목소리는 러브 송을 부를 때라도, 그 너머에 있는 한없는 슬픔과 광기에 그대로 푹 꽂히고 만다. 들으면 가슴이 술렁거리고, 너무 술렁거려서 끝까지 다 못 듣는 일도 있다.

러브 송이니, 그 정도로 위험하지 않으면 거짓이다.

그리고.

가이 씨는 멜로디 라인을 그리는 데 있어서는 천재다. 가이 씨의 멜로디는 영혼을 뒤흔든다.

"오늘날 팝 뮤직이나 오케스트라에서 무엇보다 중요시하는 '사운드'도 멜로디를 대신할 수는 없습니다. 사운드는 지나가는 것이지만, 멜로디는 남기 때문이죠."

이렇게 말한 사람은 마를레네 디트리히. 디트리히가 가이 씨의 곡을 들었더라면 틀림없이 좋아했을 것이라고 생각한다.

이는 음악에 국한되지 않고 미술이나 문학도 마찬가지다. 같은 시대를 공유한다는 것은 엄청난 일이다.

하지만 나는 소위 광팬은 아니라서 콘서트에 가더라도, 뱃속에서 끓어오르는 것처럼 굵고 낮은 박력 있는 목소리로 "가이!" 하고 외치지는 않는다. 그래도 가이 씨가 만드는 모든 소리, 모든 공기를 느끼고 싶어서 거기 서 있는 것이다. 가이 씨라는 음악과 시대를 공유하는 사람으로서.

얼마 전에 가이 씨 팬클럽의 회보를 볼 기회가 있었다. 팬들이 보낸 갖가지 열렬한 메시지가 실려 있었다. 흥미로운 것은 '배신해주었으면 좋겠다'라고 쓰여 있었다는 점. 배신해달라, 배신을 보고 싶다. 말로 하면 상당히 비정상적이라, 나는 한동안 회보를 멀뚱멀뚱 바라보았다.

배신해달라고 대놓고 기대하는 경우, 당연한 일이지만 배신을 보여주어도 그 역시 기대한 대로니까 전혀 배신이 되지 않는다. 배신을 기대하는 사람들이 예상치 못하는 배신을 보여주는 것은 정말 어려운 일이다. 게다가 몇 번이나 거푸 배신하는 것은.

하지만, 걱정 없다.

불가사의하게도 세상에는 아주 소수지만 사람을 배신하지 않고는 못 배기는 사람들이 있다. 논리적으로 그렇다는 것이 아니라, 그런 생리를 지닌 사람들이.

그리고 물론, 우리는 그런 사람들을 '아티스트'라고 부른다.

한신 타이거스는 픽션이다

 한신 타이거스에는 현실감이 없다. 아니 현실감이 없다기보다는 현실을 초월했다고 할 수 있겠다.
 대승을 거두든 대패를 하든, 뭐랄까, 감기에 걸려 열에 시달리며 꾸는 명랑한 꿈 같은 느낌. 내가 한신 타이거스를 좋아하는 까닭은 오로지 그 때문이라는 것을 요즘에야 깨달았다. 어차피 모든 것이 꿈이라면 두려울 게 무에 있으랴, 하는 그 강함이야말로 한신 타이거스의 대단함이다. 한신 타이거스는 픽션이다.
 그래서 경기를 볼 때면 책을 읽고 있는 듯한 기분이 든다. 『방랑자 타란 Taran Wanderer』이나 『게드 전기』 계열의 비일상적인 모험담.
 예를 들어, 말을 타고 칼을 휘두르며 적과 싸우는 젊은이(처음에는 미숙하지만 여행을 통해 성장하고, 스토리의 끝에는 진정한 영웅이 된다)는 신조 쓰요시, 도끼를 높이 쳐들고 저돌적으로 돌진하는 힘센 장사는 가메야마 쓰토무, 약간 제멋대로라서 말 붙이기가 껄끄럽지만 실은 우정이 두터운 남자(주머니에 다람쥐를 넣어 다니기도 한다)는 나카니시 기요오키, 평소에는 말수도 적고 혼자 나무 그늘에서 오카리나를 불곤 하지만 무슨 일이 닥치면 아름답고 강해지는 수수께끼의 남자는 마유미 아키노부, 그리고 그들이 곤경에 처했을 때 의지할 수 있는 배후의 보스(대개 산속 깊은 곳에 사는 할아버지이곤 하지만)는 시마노 이쿠오 코치쯤이라 여기고 싶다. 배역을 골고루 갖추고 있다.

한 경기를 치를 때마다 대모험이다. 끝나고 나면 모두 흩어지는 꿈. 그 찰나적인 느낌이 뭐라 말할 수 없이 좋다.

한신 타이거스가 계속 지기만 하던 무렵(너무 옛날 일이라 거의 잊었지만)에도, 점수 차가 제아무리 클지언정 어쩌면 이제부터 역전할지 모른다고 생각했다. 이대로 끝날 리가 없다고, 뭘 따져서가 아니라 그냥 믿었다. 대개는 그대로 지고 말았지만, 그런 식으로 믿게 한다는 것 자체가 이미 판타지다.

나가세 기요코 씨의 시에 '속여주세요, 달콤한 말로'라는 시구詩句가 있는데, 한신 타이거스에는 그런 술이 듬뿍 밴 과자 같은 감미로움이 있다.

아, 또 이가 썩을 것 같다.

잠들다

 온갖 동사 중에서, 가장 황홀한 동사. 소리의 울림도 글자의 모습眠る도 고요하고 녹아버릴 것만 같아서, 마치 꿈인 양싶다. 동그랗고 소박한 눈깔사탕을 닮았다. 나는 얼마든지 잠들 수 있고, 잠든 사람을 물끄러미 바라보는 것도 좋아한다.

행복한 기분

 이른 아침에 커피를 마시면서, 나는 몇 번이나 짐을 확인했다. 며칠 전 전화에서, 필요한 것은 우리 쪽에서 전부 챙길 거니까 에쿠니 씨는 개인적인 용품만 준비하면 된다는 말을 들었지만, 난생처음 가는 캠프다. 우왕좌왕, 들뜬 기분이 도통 가라앉지 않는다. 침낭 속에서 잘 때는 보통 뭘 입고 자지? 잠옷은 좀 이상하겠지? 화장실은 있으려나, 세수할 물은, 생수를 가져가는 편이 좋을까? 곤히 자는 남편을 몇 번이나 깨워서 물었다.

 아주 오래전부터 캠프를 체험하고 싶었다. 아침 햇살이 비치는 상쾌한 날씨. 아침에 누가 데리러 오는 것도 학생 시절 같아 기뻤다.

 도로는 아주 한산했다. 자동차는 반짝거리는 짙푸른색에 그야말로 교외 나들이용 모델이었다. 남자 편집자 셋과 여자 카메라맨 하나, 그리고 캠프답게 커다란 짐들이 여럿 이미 실려 있었다. 차 문을 열고 닫을 때 나는 드르륵 소리가 비일상적인 기분을 더욱 부채질해주었다.

생각보다 빨리 캠프장에 도착했다.

제일 먼저 쓰고 싶은 것은 그곳의 냄새다. 조금 시골스럽고 상쾌한 냄새. 소나무가 많은 곳의 칼칼한 냄새라는 것을 나중에 알았다.

아저씨에게 돈을 내고 등록한다.

캠프장은 숲 속의 공터. 눅눅한 적갈색 흙과 돌이 섞여 있어 울퉁불퉁한 땅. 하늘을 향해 똑바로 뻗은 나무들이 그곳 전체에 그늘을 드리우고 있다. 화장실과 수도도 있고, 텐트도 몇 군데 쳐져 있었다.

차에 탄 채 캠프장 안으로 들어가면서 그만 사방을 두리번거리고 말았다. 네모난 텐트와 세모난 텐트, 투박한 지프차, 나뭇가지에 묶어놓은 로프에는 티셔츠와 속옷과 타월 블랭킷이 널려 있다. 모두들 바깥 테이블에서 아침을 먹고 있다. 머리에 컬러를 감고 있는 사람도 있다.

이렇게 흥미로울 수가. 나는 흥분했다. 다른 집의 생활이 고스란히 드러나 보이니. 한 집씩 찾아다니고 싶은 충동을 겨우 억누른다.

"아, 어쩌지. 안 쳐다볼 수가 없네. 너무 힐긋거리면 실례일 텐데."

내가 그렇게 말하자, 편집자 한 명이 쿨하게 말했다.

"괜찮아요. 보고 있다는 걸 의식하며 행동하는 거니까."

오호, 하고 생각한다.

장소가 정해지고, 텐트를 친다.

이번 캠프를 통해서 내가 가장 감탄한 것은 이 텐트다. 텐트라는 물건은 기능적인 데다 아주 귀여운 꼴을 하고 있다. 딕 브루나의 그림 같다. 텐트를 어떻게 치는가 하면, 우선 폴을 쭉 빼서 껴 맞춘 후 거기에다 텐트 본체를 얹는다. 이때 폴의 군데군데에 끈을 거는 구조다. 그리고 전체에 플라이를 덮고 플라이 끝 부분을 텐트 본체와 함께 팩으로 땅에 고정한다.

나는 세 편집자가 짜증스럽지 않을 정도의 솜씨로 텐트 치는 광경을 옆에서 보고 있었다.

미국의 대학에서 시에 관한 강의를 들을 때, 「The Silken Tent」라는 시를 배웠다. 배웠다고 해봐야 교수가 낭독하는 소리를 들었을 뿐 무슨 내용인지 절반도 이해하지 못했지만, 첫 줄만은 분명하게 기억하고 있다.

She is as in a field a silken tent.

비단 텐트 같은 여자를 묘사한 시인데, 텐트 같은 여자가 과연 어떤 여자일지 이상하게 생각했었다. 처음 보는 텐트가 정말 귀엽고 좋아서, 그때 기억이 떠오른 것이다.

 호수로 내려가 보트를 탔다. 호수는 드넓고 소박하고 아름다웠다. 야릇한 음악 소리가 들렸는데, 그마저 한가로운 느낌이었다. 음악은 유람선 안내 방송의 배경 음악으로, 그 유람선이 또 이상한 용 모양이었다. 물 위로 부는 바람은 시원하고, 수면에는 잔물결이 일었다.

 물은 깨끗하고 차가웠다. 상쾌한 속도로 나아가는 보트 밖으로 한 손을 늘어뜨리고 물이 갈라지는 감촉을 음미한다. 황홀하리만큼 기분이 좋다.

 나도 잠시 노를 저어보았다. 아주 느릿하게나마 나아가기는 하는데, 내가 저으니 어느 쪽에서 왔다가 어느 쪽으로 향하는지 도무지 모르겠다. 그저 무턱대고 저을 뿐이다. 게다가 노의 끝만 쳐다보게 되는 탓에 눈이 어질어질하다.

 텐트로 돌아와 점심(새우와 오징어와 가리비를 넣은 스파게티와 맥주)을 먹고서, 산에 올랐다. 아침에, 자동차 속에서 본 일정표에 '트레킹'이라고 쓰여 있기에 트레킹이 뭐냐고 물었더니 산책이라고 했는데, 순 거짓말이었다. 편도 한 시간이라고 허술히 여겨서는 안 된다. 경사가 심해서 뒤로 미끄러질 것 같은 비탈길인데 대체 왜, 하면서도 성큼성큼 오른다. 나는 그렇게 열심히 걸은 적이 없을 정도로 있는 힘을 다해 걸었다. 군데군데 앙증맞은 꽃이 피어 있는 듯했지만, 바라볼 여유는 없었다. 허벅지 앞쪽이 땅기고 부들부들 떨린다. 앞서 걷는 두 사람의 모습은 순식간에 사라져버린다. 간혹, 어딘지 모를 앞쪽에서 "이제 조금만 더 가면 돼요!"라느니 "거의 정상인 것 같은데요!", "바로 코앞이에요!" 하는, 믿어도 좋을지 모를 소리가 들릴 뿐이다.

 아무튼 정상인 듯한, 앞이 탁 트인 곳에 도착했을 때는 땀범벅에 말 그대로 숨이 넘어가 거의 바닥을 기다시피 했다. 무릎은 물론이고 손가락 끝까지 바들바들 떨렸다. 내가 유난히 허약한 것은 아니라고 생각한다. 다섯 명 중에 네 명이 한동안 말도 하지 못하는 상태였으니까.

 그곳에서 바라보는 경치는 정말 시원했다. 커다란 후지 산. 구름이 끼여 있어 전부는 보이지 않았지만, 오른쪽으로 산자락이 유려한 곡선을 그리고 있고, 중간은 잘 안 보이는데, 눈 덮인 뾰족하고 하얀 정상이 경치의 왼쪽에 불쑥, 산자락과 떨어진 장소에 보였다. 세계의 절반이 후지 산 같다는 느낌.

 후들거리는 다리로 다시 하산. 그런데 그 길, 등산로 맞는 건가. 오를 때나 내려올 때나 사람 하나 없었는데, 그런 등산로가 있나. 수풀을 헤치고 가야 하는 길이…… 하고 그때를 돌이키며 생각한다.

캠프장으로 돌아오니, 또 그 정겨운 냄새가 났다. 바람이 부드러워 안도한다.

몸이 축 늘어져, 충실하게 일했다는 기분에 시원하게 맥주를 들이켰다. 저녁은 바비큐. 바깥에 화덕을 만들어 불을 피우는 것도 처음 보았다. 장작 전체에 불이 지펴지기까지 시간이 걸린다. 아주 천천히 타오른다. 돌과 흙과 장작과 숯과 불길과 저녁이 섞인 냄새가 난다. 풍성하고 편안한 냄새.

제일 맛있었던 것은 홍당무. 그다음이 얇게 썬 소고기. 그리고 표고버섯. 잔뜩 먹었다.

저녁을 먹은 후에는 저마다 커피나 위스키를 마시면서 모닥불을 쬐었다. 모두 말이 없었다. 타닥타닥 튀는 불똥. 밤에는 추워 불이 고마웠다. 충족되고 행복한 기분.

텐트도 그렇지만 캠프 도구는 다 사랑스럽다. 딱딱하고 파란 접을 수 있는 의자도, 은색 머그도, 보보보보 하는 소리가 나는 랜턴의 은은한 불빛도.

그 후에 갑자기 비가 내려서 서둘러 취침. 나 개인적으로 그런 상황을 무척 좋아한다. 그런 상황이란, 갑작스러운 비나 정전. 텐트에서 자는 밤에는 더욱이.

비가 제법 세차게 내렸는데 텐트 안은 조금도 젖지 않았다.
침낭 밑에 은색 시트를 깔아, 등도 전혀 배기지 않았다.

재미있었다. 다음에는 연인과 와야지.

그렇게 결심하고서, 빗소리를 들으며 잠들었다.

이마에 씨

이마에 요시토모 씨가 있는 곳에는 맛난 먹거리가 있다. 얼마나 맛나게 음미했는지. 유시마의 생선과 교토의 민물 장어, 고베의 프랑스 요리, 도쿠쇼지의 닭날개 구이를 말하는 것이 아니다.

예를 들어 이마에 씨의 최신간 『누에콩 삶아』를 보면,

1, 길게 돌돌 만 하양 초록 소용돌이 모양의 초밥을 자른 듯한 것.

2, 찐 가지에 양하와 까치콩을 곁들인 것.

3, 초간장으로 양념한 '후'밀가루의 글루텐을 가공한 식품_옮긴이에 채 썬 생강과 파드득나물을 올린 것.

내 눈이 휘둥그레진다. '맛을 묘사하지 않았는데도 이렇게 식욕을 자극할 수 있다니 무슨 재주?' 하고 생각한다. 이마에 씨가 싱긋 웃으며 이렇게 말하는 게 눈에 보이는 것 같다. "먹어본 적 없으시죠?"

이마에 씨에게 많은 것을 배웠다. 새로운 책이나 음악, 영화 얘기도 아니고 문장을 쓰는 넘쳐나는 유형무형의 다양한 테크닉을 얘기하는 것도 아니다.

내가 이마에 씨에게서 배운 것은, 가령 음식점의 남성용 화장실에 얼음이 놓여 있다는 것. 그 이유, 그 멋스러움. 나는 부럽고 또 부러워서 그 후로 남성용 화장실을 동경하고 있다. 이마에 씨가 또 싱긋 웃으면서 이렇게 말한다. "얼음 위에다 실례해 본 적 없으시죠?"

이마에 씨는 싱긋 웃으며 한마디 하는 것으로 상대를 부럽게 만드는 재주가 있다. 상대가 무엇을 부러워하는지 잘 알고 있는 것이다. 그러고는 이런 식으로 늘 주위를 자극한다.

이마에 씨는 제대로 알고 있다. 하느님은 세세한 곳에 있다는 것을. 중요한 것은 맛난 음식을 먹는 것이며, 남성용 화장실에 반짝이는 얼음 덩어리가 있다는 것.

이마에 씨 주변에 언제나 사람이 있는 것은 그 때문이라고 생각한다. 모두들 맛난 것을 먹으면서 재미나는 얘기에 시끌벅적하게 웃고, 이마에 씨라는 풍요로운 이야기 그 자체에 취해 있다.

1995년 1월 5일 일기

여전히 감기를 앓고 있다. 기침이 멈추지 않는다. 남편에게는 천식 걸린 애랑 같이 자는 것 같다는 소리를 들었다.

오전 내내 잠으로 시간을 보낸다. 비누가 되어 누군가의 손 안에서 미끌미끌 미끄러지는 꿈을 꾸었다. 조금씩 조금씩 녹는 것을 느낄 수 있어, 신기했다.

오후에는 두 시간 동안 목욕. 내 감기에는 목욕이 최고의 약이다. 12월 31일 아침에 감기에 걸렸다는 것을 알았고, 밤에는 열이 38도 9부까지 올랐지만 하룻밤을 욕조에서 잤더니 새해 아침에는 아니나 다를까 열이 36도 4부로 떨어졌을 정도다.

욕조 안에 앉아 크레이그 라이스의 『폭주 재판 Trial by Fury』을 읽었다.

저녁때부터 일. 작년에 다니카와 슌타로 씨를 만나 인터뷰했을 당시 녹음했던 내용을 다시 듣는다.

해마다 그렇지만, 5일이 되면 편집자들의 전화가 걸려 온다.

그 전의 일주일 정도는 벨이 울리지 않아 전화기가 죽은 듯이 조용한 탓에 5일의 전화는 유난히 반갑다.

 밤에도 일. 늦은 밤 다시 목욕을 하고서 2시 반에 취침. 감기 때문에 식욕이 없다고 하면서도 오늘 하루에 결국 딸기 한 팩을 다 먹었다.

일상의 언어

맛있는 태국 요리를 얻어먹었다.

고기 경단이 든 달콤한 맛의 수프와, 상큼하고 부드러운 스프링 롤, 공심채라는 푸른 채소.

"아, 맛있었다. 배가 든든하네."

돌아가는 길에 그렇게 중얼거렸더니, 같이 걷던 사람이 이상하다는 듯이 웃었다.

"참 예스럽네. 든든하다는 말, 요즘은 아무도 안 쓰는데."

그렇게 말한 사람은 나보다 나이가 꽤 많은 여자였다. 그런 사람에게 '예스럽다'는 소리를 듣다니, 얼마나 예스러운 것일지 당황했다.

또 얼마 전 얘기다.

친구와 통화를 하면서 '방년 20세'라는 말을 했다가 웃음을 샀다.

"방년? 그런 말, 요즘은 작가들밖에 안 써."

그 친구도 나보다는 나이가 많다.

작가들밖에 안 써.

물론 이쪽이 '아무도 안 쓴다'는 말보다 더 나쁘다. 악의 있는 지적이며 효과적인 비난이다.

나는 풀이 죽었다.

체질적으로 분개를 잘하는 사람—예를 들어 언어 파괴의 심각성을 걱정하는 데 특이한 재능을 발휘하는 우리 아버지—같으면 풀이 죽는 대신 작가들밖에 쓰지 않는(또는 아무도 쓰지 않는)다는 소리까지 듣게 된 언어 상황에 분개하겠지만, 나는 역시 내가 사용하는 언어—그것도 아주 일상적인—가 그에 해당한다는 점에 몹시 동요했다.

아닌 게 아니라 역사가 있다. 자잘한 소녀풍 글자로 노트를 빽빽하게 채우고, 남자애들이 쓰는 말을 해서 혼이 나고, 은어를 남발하고, '정말?'이라 말해야 할 장면에서 '거짓말'이라고 해서 또 혼이 나고, 위원회나 문화제, 서퍼 같은 단어의 끝을 올려 발음해서 주위 어른들에게 꾸지람을 들었던 역사가.

어른들이 눈살을 찌푸리는 '요즘' 애들이란 우리 아니었던가?

'요즘' 애들은 변화하고 있다. 그리고 당연히 새로운 '요즘' 애들이 등장했다고 해서 우리가 '요즘' 애들이 아닌 것은 아니다. 그렇다면 무엇이 되는가. 한심하지만 '옛날 요즘' 애들이다. 놀랄 일도 아니다. 하지만 세상은 결국 온갖 레벨의 '요즘'으로 가득하다.

새로운 '요즘'(그야말로 요즘)에서 추락했다는 것은 도저히 숨길 수 있는 일이 아니다. '배가 든든하다', '방년 20세'란 말을 쓰지 않도록 하는 것으로는 부족하다. 일상의 다양한 장면에서 조우하는 이상한 말투에 대해 반응—놀라거나 화를 내는—하면 끝이다. 가령 텔레비전을 보면서 옆에 있는 사람에게 이렇게 말하면 안 된다.

"뭐야? 지금 저 말, 지금 저 말 들었어?"

새로운 '요즘'에 속하는 사람들은 그러지 않는다. 음, 하고 생각할 뿐이다. 그리고 처음부터 거기에 있었던 말인 듯, 쓱 받아들인다.

예를 들어 그 말이 축구를 중계하는 아나운서의,

"사와노보리가 아프고 있습니다."

하는 억지스러운 진행형(거의 언어 붕괴다)이든,

'왠지 알게'나 '별생각 있게'처럼 반대 의미로 해석될 수 있을 만큼 이상한 말이든,

"따뜻할 때 어서 먹으세요"나 "내일 댁에 있으십니까?"처럼 뭐라 대답하면 좋을지 모를 존댓말(?)이든 그렇다. 세 번째 경

우는 의외로 나이 든 사람들이 사용하는 일도 많아, '요즘'과 나이의 관계가 반드시 성립하지는 않는다는 것을 알 수 있다.

이런 경우가 정말 많다. 처음에는 귀를 의심했지만, 지금은 도처에서 들을 수 있고, 몇 번을 들어도 들을 때마다 깜짝 놀라게 되는 말. 나머지 원고를 전부 그 예로 메울 수 있을 정도다.

하지만.

냉정하게 생각해보면, 언어의 파괴 현상을 걱정하는 것은 내 일이 아니다. '낙천적'이라는 게 나의 장점이다.

불쾌한 언어의 예를 늘어놓기보다 좋아하는 말에 대해 쓰려고 한다. 좋아하는 말과 우후후 살짝 웃게 되는 말에 대해.

살짝 웃게 되는 말부터.

버스 안에서 있었던 일이다. 짱 슬프다, 짱 예쁘다 등 '짱'은 이제 별로 신기하지도 않은 말이 되었는데, 책가방을 등에 멘 초등학교 저학년으로 보이는 남자아이 둘이 나누는 이런 대화를 듣고 말았다.

"너, ○○ 아냐?"

한 아이가 컴퓨터 게임의 이름인 듯한 말을 하고는, 그것이 어떤 게임이고 얼마나 재미있는지 설명하려 했다. 그러자 다른 한 아이가 도중에 말을 끊고는 커다란 소리로,

"짱 몰라!"

라고 한 것이다. 짱 몰라.

진짜 신선하게 들렸다. '짱'은 형용사나 부사 앞에 붙는다고만 생각했기 때문이다. 대뜸 동사에 붙이다니, 얼마나 대담한지 모르겠다.

나는 그 초등학생에게 살짝 반했다. 감정에 따라 언어를 주저 없이 응용하는 기술이랄까(이렇게 말하면 힐난조로 들리는 것은 어째서일까. 전혀 그럴 생각이 아닌데), 과연 초등학생이라고 생각했다. 노력한다고 되는 일이 아니다.

나도 그 말을 써보고 싶어서 근질근질했다. '짱 몰라!'는 좀 무리니까 '짱 모르겠다'로 시도해보자고, 주택가를 달리는 오후의 한산한 버스 속에서 우후후 하며 생각했다. 그날 집에 돌아가 바로 시도해보았다. 생각만큼 정확하게 소리가 울리지는 않았지만, 써본 것으로 마음은 후련해졌다.

마지막으로, 좋아하는 말에 대해.

내일 또 보자.

밤에 잠들기 전, 나와 동생이 반드시 나누는 인사말이다.

잘 자라고 말한 후에(또는 대신), 꼭 그렇게 말한다. 그 말을 들으면 나는 단박에 행복해진다. 내일도 놀 수 있다고.

내일이 있다는 것은 물론 말하지 않아도 알지만, 그래도 그렇게 말해주면 새삼스럽게 기쁘다. 안심하는 것이라고 생각한다.

내일 또 보자.

얼마나 행복한 말인가. 내일도 만날 수 있다는 것.

결혼하고서 남편에게도 그렇게 말해보았다. 나는 주로 밤에 일을 하는데, 서재에 틀어박히기 전에 "내일 또 봐요" 하고서 손을 흔들었다.

남편은 어리둥절해하며 물었다.

"어디 가?"

잠옷 차림으로 텔레비전을 보던 그는 어이없게도 순순히 손을 흔들며,

"너무 과하게 마시지 마. 모두에게 안부 전하고."

하고 신뢰에 넘치는 표정으로 말했다. (그런데 모두란 대체 누구를 말하는 것일까.)

'요즘' 남편이라고 해야 할지도 모르겠다.

작가 후기

 닥치는 대로 대충 살고 있는 탓에, 그때그때 쓴 줄잡아 8년 치 에세이가 눈앞에 놓이니 당황스럽군요.
 넌 늘 때가 닥쳐야 허둥대니.
 옛날에, 아빠에게 툭하면 그런 꾸중을 들었죠.
 도무지 생각이 없다니까.
 엄마에게도 그런 잔소리를 자주 들었습니다.
 하지만 솔직히, 나는 지금도 살아가는 데 '닥치는 대로 대충' 외에 어떤 방법이 있는지 모릅니다.
 나는 잘 우는 아이였습니다. 그런데 도중에 울지 않는 아이가 되었죠. 초등학교 때입니다.
 두 번째 에세이집을 엮으면서, 원래 원고에 거의 손을 대지 않았습니다.

이 책에 등장하는 모든 사람들, 지난 8년 동안 생긴 모든 일, 그 행복한 필연과 경솔함을, 절반은 사랑하고 절반은 저주하면서.

1996년 바람 찬 봄날에

에쿠니 가오리